Alexander Osang
Das Buch der Versuchungen

Alexander Osang

Das Buch der Versuchungen

20 Porträts und eine Selbstbezichtigung

Ch. Links Verlag
Berlin

Die Deutsche Bibliothek – CIP-Einheitsaufnahme

Osang, Alexander:
Das Buch der Versuchungen : 20 Porträts
und eine Selbstbezichtigung / Alexander Osang. –
1. Aufl. – Berlin : Links, 1996
ISBN 3-86153-107-0

1. Auflage, März 1996
© Christoph Links Verlag – LinksDruck GmbH
Zehdenicker Str. 1, 10119 Berlin, Telefon: (030) 449 00 21
Umschlaggestaltung: KahaneDesign, Berlin
unter Verwendung eines Fotos von Ronald Siemoneit
Satz: LVD, Berlin
Schrift: New Century Schoolbook
Druck- und Bindearbeiten: Wagner GmbH, Nördlingen
ISBN 3-86153-107-0

Für Anja und all die Versuchungen,
von denen hier nicht die Rede ist

Inhaltsverzeichnis

Eigentlich nein

Vom großen Glück, daß Pjöngjang nicht New York ist

Manchmal sitzt einem die Versuchung schon auf dem Schoß, und man erkennt sie trotzdem nicht. Weil sie so harmlos aussieht, so unansehnlich, überhaupt nicht verführerisch eben. Sie sitzt da, grinst einen unterwürfig an und tut einem fast leid, so blaß, wie sie ist.

Meine zum Beispiel nannte sich Jörg und sah aus wie ein Arsch.

Ich meine, er sah aus, wie man sie sich immer vorgestellt hatte. Ein leicht aufgedunsenes, blasses Gesicht, mit einem weichen Lächeln mittendrin, das er aus- und anknipsen konnte. Die schmutzigblonden, dünnen Haare hatten sich bereits bis zum Ende der Stirn zurückgezogen. Er trug eine dunkelbraune Bundlederjacke und war vielleicht Anfang dreißig. Er sah aus, wie sie eben aussahen. Untalentierte Lehrlinge oder Studenten, die hauptamtliche FDJ-Sekretäre wurden. Soldaten, die ihre Dienstzeit freiwillig von anderthalb auf zehn Jahre erhöhten. Junge Funktionäre, die in ein paar Jahren Alkoholprobleme bekommen würden. Keinen Mut, keinen Charakter, keinen Halt – nur irgendwelche verwaschenen Überzeugungen und trinkfeste Vorgesetzte als Vorbilder. Er hätte Kriminalist sein können, wie er am Telefon gesagt hatte. Aber er war kein Kriminalist. Und wahrscheinlich hieß er auch nicht Jörg.

Ich betrat also das Café Kisch, das es einst Unter den Linden gab, um der Kriminalpolizei bei den Ermittlungen gegen einen Straftäter zu helfen, von dem ich bislang nur wußte, daß er in meinem Haus wohnen sollte. Der Mann, der sich Jörg nannte, saß an einem kleinen Tischchen neben der Bar im Qualm und winkte. Ich setzte mich zu ihm, und er fragte, was ich denn trinken wolle. Kaffee, sagte ich. Er bestellte ein Kännchen, und bis es kam, erzählte er, daß ihm mein Name in der *Berliner Zeitung* aufgefallen wäre, weil mein Schreibstil, nun ja, irgendwie spritziger sei als der der anderen, was mir schmeichelte, obwohl ich mir nicht vorstellen konnte, daß es stimmte. Schließlich war ich Wirtschaftsredakteur. Dann war das Kännchen Kaffee da, und er sagte: »Ich muß dir erst mal was gestehen. Ich bin nicht von der Kriminalpolizei. Ich arbeite für das Ministerium für Staatssicherheit. Und wenn du jetzt gehen willst, dann kannst du das gern tun.«

Ich trank einen Schluck Kaffee.

Wieso duzt er mich eigentlich?

Du weißt doch, daß sie das alle tun, diese Funktionärstypen. Kümmere dich nicht drum! Bedanke dich für den Kaffee und verschwinde!

Moment mal, ich weiß doch gar nicht, was er von mir will. Vielleicht will er mir ja irgendwas sagen, was wichtig ist.

Bist du wahnsinnig!? Staatssicherheit – Stasi, Staasiiiii! Steh auf! Hau ab! Er hat es dir angeboten!

Eben. Er hat es mir angeboten. Er hat mich überhaupt nicht unter Druck gesetzt. Wenn er mir gesagt hat, was er will, dann kann ich immer noch gehen.

Du weißt doch, was er will!

Nein.

Doch.

Was denn?

Tu nicht so naiv.

Gut, aber ich weiß nicht, was er weiß. Vielleicht weiß er ja was von mir. Wir sollten nichts überstürzen.

Wenn dich hier irgend jemand von deinen Freunden mit diesem Typen sitzen sieht, bist du untendurch. Ich meine, der sieht doch aus wie der Prototyp eines Stasi-Spitzels.

Er könnte auch Kriminalist sein.

Er i s t kein Kriminalist.

Ich will ja nur wissen, was er weiß. Nur das. Dann gehe ich einfach raus. Und das war es.

Tu's doch, wenn du es mußt. Du bist doch sowieso der letzte Opportunist geworden. Du Parteijournalist! Schau

dich doch mal an. Lügst deine Leser an. Und jetzt sitzt du
mit 'nem Stasi-Typen am Tisch.
Ach, komm.
Wenn du auch nur ein einziges Zugeständnis machst,
bringe ich mich um.

»Ich meine, es kann ja sein, daß du irgendwelche grund-
sätzlichen Probleme mit dem Staatssicherheitsdienst hast«,
sagte Jörg. Und lächelte.

»Äh, grundsätzliche, nein. Hat ja irgendwie jedes Land
so einen Sicherheitsdienst, nicht? Offenbar braucht man
den.«

»Gut«, sagte Jörg, als sei damit irgend etwas entschieden, »dann kann ich dir erst mal eine erfreuliche Mitteilung machen. Deine Redaktion hat ja den Antrag gestellt,
daß du zu den Weltfestspielen nach Korea fährst. Ich kann
dir sagen, daß wir diesem Antrag zugestimmt haben. Ich
weiß es aus den Akten.«

Das war nun wirklich ein Hammer. Ich hatte nicht
damit gerechnet. Korea! Das war fast Japan! Eine andere
Welt! Ich strahlte, und Jörg strahlte auch.

Offenbar war es das gewesen, was er mir sagen wollte.
Denn Jörg hatte es auf einmal eilig. Hier sei nun wirklich
nicht das richtige Umfeld für ein Gespräch unter vier
Augen, meinte er. Das schien mir einleuchtend. Überall
standen Leute, rauchten und redeten. Korea!

Jörg sagte, daß der Kaffee selbstverständlich auf seine
Rechnung ginge. Er würde sich noch mal bei mir melden.
Er würde anrufen. Eine Bitte habe er jedoch. Zu keinem
ein Wort über unser Treffen. Logisch, dachte ich. Nichts
leichter als das. Ich sah mich noch mal um, ob hier irgendein bekanntes Gesicht war, entdeckte niemanden, verab-
schiedete mich und betrat wieder die Linden.

Die Sonne schien. Korea!

Du bist der letzte Idiot!
Ich?
Ja du. Was willst du denn mit dem unter vier Augen be-
reden?

13

Mensch, was willst du denn überhaupt? Er hat mich überhaupt nichts gefragt. Ich mußte kein Zugeständnis machen.

Ach ja? Und was war mit deinem Jedes-Land-braucht-einen-Sichherheitsdienst-Gequatsche.

Ein Allgemeinplatz.

Ja und was soll er davon halten? Ich will dir sagen, was das für ihn heißt: grundsätzliche Bereitschaft zur Zusammenarbeit! Alexander Osang ist grundsätzlich bereit, mit uns zusammenzuarbeiten. Alexander Osang ist grundsätzlich bereit, Stasi-Spitzel zu werden.

Das habe ich nicht gesagt.

Aber er hat es so verstanden.

Das ist sein Problem.

Es wird dein Problem werden. Er wird wieder anrufen.

Ja und?

Er wird dir Fragen stellen.

Ich habe keine Angst vor Fragen.

Das werden wir noch sehen. Du willst doch nach Korea fahren, oder?

Ja sicher.

Du hast ihm eben versprochen, kein Wort über euer Treffen zu sagen. Und was erzählst du deiner Freundin? Sie weiß doch, daß du dich mit einem Kriminalisten treffen wolltest, oder?

Ich werde ihr sagen, daß es ein Irrtum war. Daß sie einen anderen suchten, irgend so was. Mir fällt schon was ein.

Ich werde dir mal was sagen, mein Freund. Du sitzt in der Scheiße.

Hör doch auf. Ich habe ihm versprochen, nichts zu sagen. Also sage ich nichts. Was ist denn schon dabei.

Ich kann's nicht mehr hören. Du bist ein Weichei. Du kannst nicht nein sagen. Sieh dir doch nur dein verpfuschtes Leben an. Du charakterloses Schwein. Du kannst doch keinem mehr in die Augen gucken. Und jetzt sagst du dir: Ach, dann mach' ich eben auch noch bei der Stasi mit.

Niemals!

Wir werden sehen.

Der Anfang war wohl, daß ich mitspielen wollte. Jedenfalls passierte es öfter, daß meine Klassenkameraden nach der Schule noch irgend etwas zusammen unternahmen, das sie Pioniernachmittag nannten. Sie banden sich blaue Halstücher um, nahmen sich an die Hände und marschierten irgendwohin, wo es offenbar lustig war. Manchmal erzählten sie am nächsten Tag davon. Man kam sich vor, als habe man »Daktari« verpaßt.

Wenn die Klasse zum Pioniernachmittag aufbrach, blieben zwei Kinder zurück. Annegret Teschner und ich. Annegret Teschner war ein blasses, zerbrechliches Mädchen, das an einer schweren Krankheit litt. Einmal, als Annegret fehlte, sie fehlte oft, erzählte uns unsere Klassenlehrerin mit ernster Miene, daß Annegret viel früher sterben würde als wir. Womöglich schon bald. Das tat mir sehr leid, aber ich wäre dennoch lieber mit Frank Barnow, dem besten Fußballspieler meiner Klasse, von den lustigen Pioniernachmittagen ausgesperrt worden, als mit der hohlwangigen Annegret, die eine gläserne, hohe Puppenstimme hatte und eine spitze Nase. Ich war dick und hatte Sommersprossen, was im Alter von sechs, sieben Jahren ohnehin schwer zu ertragen ist. Zudem heiße ich Alexander, worauf sich »Arsch auseinander, Arsch wieder zusammen und du bist dran« reimt, meine Eltern erlaubten mir nicht, Jungpionier zu sein, und dabei hatte ich auch noch die sterbenskranke Annegret an meiner Seite. Und leider passierten im Religionsunterricht, den ich besuchen durfte, nicht die interessanten Dinge, mit denen ich meine Mitschüler hätte beeindrucken können. Wir hatten einen Kaplan, der uns an den Ohren zog, wenn wir in dem Bibelquiz, das er jede Stunde durchführte, versagten, und einen rotgesichtigen Pfarrer, der wenige, graue Haare und immer schlechte Laune hatte. Frank Barnow kannte zwar alle Spieler von Tennis Borussia, aber was ein Kaplan war, wußte er nicht.

Als ich in die vierte Klasse kam, konnten es meine Eltern offenbar nicht mehr mit ansehen. Vielleicht hatte es auch eine Aussprache gegeben, weil zum gleichen Zeitpunkt auch Annegret Teschners Eltern aufgaben. Annegret und ich bekamen bei einer kleinen, intimen Aufnahme-feier unsere blauen Halstücher ausgehändigt. Die Pionier-nachmittage waren dann gar nicht so lustig, wie ich ange-nommen hatte. Aber ich war dabei. Ich gehörte dazu. Ich war kein Außenseiter mehr. Es war warm und wohlig in der Masse. Ich begann mich aufzulösen. Das war wohl der Anfang.

In der Folgezeit stand ich manchmal andächtig vor den Gedenkstätten ermordeter Grenzsoldaten, ministrierte dreimal in der Woche in der Frühmesse der St.-Josephs-Kirche, die um sechs Uhr begann und abwechselnd von meinem Kaplan und dem mürrischen Pfarrer vor etwa einem Dutzend alter Damen abgehalten wurde. Manch-mal frühstückte ich anschließend in der kleinen Wohnung des Kaplans, wo es Nesquik und viele glänzende West-Platten gab, und manchmal lernte ich danach in der Schule, daß derjenige, der nicht für die Sache sei, automa-tisch ihr Gegner wäre. Als Jungpionier verpflichtete ich mich zu einem monatlichen Solidaritätsbeitrag von einer Mark, in der Sonntagsmesse legte ich einen Groschen in den Kollektekorb. Ich wurde der Trommelreporter meiner Pioniergruppe und betete nach der Beichte im Auftrage meines Kaplans vier Vaterunser, damit meine Eltern, die sonntags gerne länger schliefen, öfter zum Gottesdienst erschienen, was übrigens nichts half. Ich empfing die Erstkommunion und die Jugendweihe. Mein Großvater erschien nur zur Kommunionsfeier. Aus Prinzip.
    Kurz vor der Firmung baten mich zwei Herren ins Zim-mer unseres Stellvertretenden Schuldirektors, um mir vorzuschlagen, Offizier der Nationalen Volksarmee zu wer-den. Die Leistungen dazu hätte ich ja. Mein Großvater, der gerade noch aus prinzipiellen Erwägungen meiner so-zialistischen Jugendweihe ferngeblieben war, riet mir zu. Bei den Osangs habe es immer Offiziere gegeben. Der letzte war wohl, wie ich später erfuhr, Generalmajor bei der Wehrmacht gewesen. Seine Witwe lebte in Schwaben, wo sie eine unglaubliche Pension bezog, von der wir aber nichts abbekamen. Mein Vater, der verhindern wollte, daß

ich Jungpionier wurde und mich auch sonst sehr kritisch zum Staate DDR erzog, hatte der Witwe in den 50er Jahren mal zehn Mark zurückgegeben, die sie ihm gönnerhaft überlassen wollte, damit er sich auch mal einen schönen Abend machen könne. Aus Stolz, wie er sagte. Seitdem gab es keinen Kontakt mehr.

Ich war trotz der ziemlich praktischen Plateausohlen der Kleinste in der Klasse, haßte Geräteturnen und alles, zu dem man in einer Reihe antreten mußte. Außerdem hatte mir mein älterer Cousin erzählt, daß bei Manövern der Nationalen Volksarmee gelegentlich Soldaten unter die Panzer geraten und überrollt würden. Das passiere gar nicht so selten. Gefühlsmäßig fürchtete ich mich vor Kasernen, Uniformen, Gemeinschaftsduschräumen und Maschinenpistolen, aber im Literaturunterricht argumentierte ich zu der Fabel von Fuchs und Igel wie ein Politoffizier der NVA. »Laß dir erst deine Zähne brechen«, sagte der Igel, »dann werden wir uns weiter sprechen!« Ich verknüpfte das äußerst überzeugend mit der Friedenspolitik der Warschauer-Vertrags-Staaten und kriegte eine Eins. Ich war vierzehn Jahre alt und ziemlich durcheinander.

Ich lernte, hier das zu sagen, dort jenes und einen Kalender zu führen, wie ein Ehebrecher. Und wie bei Ehebrechern geht das gelegentlich in die Hose, wenn man einen Fehler macht.

An einem eiskalten Novembernachmittag besuchte unsere FDJ-Gruppe das Museum für deutsche Geschichte. Es ging um Antifaschismus, wenn ich mich recht erinnere, und als wir rauskamen, war es kalt und dunkel. Ich war ziemlich in Eile, weil ich am Abend die Jugendstunde meiner Gemeinde nicht verpassen wollte. Ich schaffte gerade so die letztmögliche Straßenbahn nach Weißensee und erschien pünktlich auf dem Kirchhof, wo die anderen Schüler zwischen weißen Atemwolken standen und mit unserem Kaplan redeten. Es war ein neuer Kaplan, einer, der nicht mehr an unseren Ohren zog, sondern mit uns diskutierte, leise redete und bald in den gerade entstehenden

Neubaubezirk Marzahn ging, wo die Menschen, wie er sagte, dringender seine Fürsorge bedürften. Er war ein sehr toleranter, freundlicher Mensch. Das machte alles nur noch schlimmer.

Ich lief auf die Gruppe zu, und als ich etwa fünf Meter von ihr entfernt war, wußte ich, daß ich einen Fehler gemacht hatte. Ich wußte es, bevor der erste sagte: »Sag mal, was ist denn mit dir los?«. Bevor ihm der Kaplan dafür einen strafenden Blick zuwarf und sagte: »Hallo Alexander. Schön, daß du da bist.« Aber ich bemerkte es erst, als es zu spät war.

Ich hatte noch mein FDJ-Hemd an. Sein blauer Kragen ragte gut sichtbar aus meiner Winterjacke. Es war ein einmaliges, verräterisches Blau. Nirgendwo sonst gab es dieses Blau der Freien Deutschen Jugend. Verwechslungen waren ausgeschlossen. Die bis dahin fürchterlichste Stunde meines Lebens begann. Auch heute noch bekomme ich eine Gänsehaut, wenn ich nur daran denke.

Das lag ganz sicher daran, daß es sehr, sehr unüblich war, so forsch und unverfroren von der einen in die andere Welt zu marschieren. Es lag an der Kraft des Symbols. Ähnlich provokativ wäre es wohl gewesen, in der Parteiversammlung mit dem Rosenkranz zu klimpern. Es lag an meiner Urangst, ertappt zu werden, wobei auch immer. Es lag an meinem Kaplan, der so tat, als sei alles wie immer. Und es lag daran, daß unser Religionszimmer sehr gut geheizt war. Außerordentlich gut.

Eines war klar, ausziehen konnte ich die Jacke nicht. Die Sonne wäre aufgegangen, die helle, optimistische Sonne des Jugendverbandes, die auf meinem Hemdsärmel klebte, die Sonne der Kampfreserve der Partei, die Sonne der Freien Deutsche Jugend mitten im Herzen der St.-Josephs-Gemeinde. Es war fürchterlich. Ich schwitzte wie ein Schwein. Durch einen feuchten Nebel nahm ich den Kaplan und meine Mitschüler wahr. Worüber sie redeten, wußte ich nicht. Der Kragen, der blaue Verräterkragen, der Judas-Kragen, leuchtete. Er brannte auf der Haut, er schnürte mir den Hals zu. Ich flüchtete in Fieberträume. Ich verfluchte meinen Eifer, spielte alles noch mal durch, nur diesmal verpaßte ich die Straßenbahn und schaffte es nicht. Ich bat Gott um Verständnis, bat ihn, die Zeit zurückzudrehen, und bat ihn auch, die Stunde schnell vergehen zu lassen. Er tat mir den Gefallen nicht.

Ich muß unendlich viel Wasser verloren haben. Meine Jacke wurde immer schwerer, der Schweiß rann auf den blauen Kragen, und irgendwann, Monate später, beendete der Kaplan die Stunde. Er hatte mich nicht einmal angesprochen, wofür ich ihm noch heute danke. Wahrscheinlich hätte ich hysterisch geschrien. Zum Schluß schenkte er mir noch ein aufmunterndes Lächeln. Ich schleppte mich aus dem Raum, und draußen in der Kälte sagte mir einer der Jungen: »Von dir hätte ich es am wenigsten erwartet, Alexander.« Der Junge war immer ein Außenseiter gewesen. Ein blasser, pickeliger Büßertyp, der im Haus neben der Kirche wohnte und nie den Religionsunterricht verpaßte. Seine Sachen waren schäbig, er stotterte, roch schlecht und hatte beim Bibelquiz immer versagt. Ich hatte nie mit ihm zu tun gehabt. Niemand hatte mit ihm zu tun. Was hatte er denn von mir erwartet? Daß ich so war wie er? Enthaltsam? Langweilig? Ohne Ehrgeiz? Ich sah ihn einen Augenblick an. Ein weißes, ernstes Kindergesicht. Dann ging ich vom Kirchhof und kam nie wieder.

Ich hatte meine Chance gehabt. Ich dachte nicht über sie nach, ich rannte weg. Ich ging nie wieder zu einer Beichte, aber meine Mutter bezahlte meine Kirchensteuer, und auch vor der Prüfung in dialektischem und historischem Materialismus bat ich um Gottes Hilfe. Und natürlich vor der Russischprüfung.

Ich machte so weiter wie bisher. Und das Leben machte es mir leicht. Ich durfte wegen »der Kirchensachen« nicht auf die Erweiterte Oberschule, aber ich bekam einen Platz in der Berufsausbildung mit Abitur. Eigentlich sollte ich Ingenieur werden, weil aber mein naturwissenschaftliches Talent eher unterentwickelt war, suchte ich mir aus der Studienführer-Broschüre irgendeine Richtung raus, in der es keine Mathematikstunden gab. Journalistik. Gut, warum nicht. Ich gab meine Bewerbung für ein Zeitungsvolontariat zwei Wochen zu spät und ohne Hoffnung ab, wurde aber angenommen. Ich ging nur anderthalb Jahre zur Armee, weil ich dort niemals auch nur einen einzigen Tag länger verbracht hätte. Andererseits hat mich auch nie jemand genötigt, länger zu gehen, während einige meiner Freunde regelrecht erpreßt wurden, für drei Jahre zu unterschreiben. Beim WM-Finale 1982 war ich in unserem Armeefernsehraum der einzige, der für Italien war, und Italien gewann. Niemand gab mir die Schuld. In einem Kurzurlaub zeugte ich in Berlin einen Sohn, als er geboren wurde, und später, als er nachts aufwachte und schrie, trieb ich mich auf Studentenpartys im fernen Leipzig rum. Ich konnte ja ausschlafen.

Einmal, als ich am Eingang unseres Studentenwohnheims Nachtwache halten mußte, organisierte ich auch dort eine Party. Etwa zwanzig junge Menschen drängten sich in der kleinen Wachstube. Wir tranken und tanzten, und irgendwann im Morgengrauen, als ich gerade auf dem Klo war, drückte ein betrunkenes Mädchen auf den Knopf der Alarmanlage in dem kleinen Zimmer, das ich zu bewachen hatte. Drei Heimbewohner wachten auf, einer, er hieß Plothe und war ein eifriger wissenschaftlicher Assistent, schwärzte mich am nächsten Tag in der Sektionsleitung Journalistik an. Dort erfuhr ich von meinem Sektionsdirektor Fuchs, einem kleinen, gelbgesichtigen Mann, der nie lachte, daß mein Versagen nicht einfach nur ein disziplinarisches Versagen sei. »Sie haben politisch versagt. Oder haben Sie den NATO-Doppelbeschluß vergessen? Es herrscht Kriegsangst.« Daran hatte ich wirklich nicht gedacht.

Die Sache, sagte er, würde ein unangenehmes Nachspiel für mich haben. Ein sehr unangenehmes. Auf den Fluren wisperte man von Exmatrikulation, und als ich den FDJ-Sekretär meines Studienjahres fragte, wie schlimm es wirklich stehe, sagte der: »Schlimm. Sag mal, wolltest du nicht eigentlich Kandidat der SED werden?« Wollte ich selbstverständlich nicht. Wollte ich überhaupt nicht. Niemals.

Etwa vier Monate später stand ich in einem großen Hörsaal der Karl-Marx-Universität Leipzig und begründete vor etwa 130 Genossen, warum es mir ein Herzenswunsch sei, Kandidat ihrer Partei zu werden.

In der Nacht zuvor konnte ich kein Auge schließen, ich betete um Verständnis und darum, daß es meine Eltern nie erfahren mögen. Dann argumentierte ich mein Gewissen in die Knie. War ich nicht Fan von Stahl Riesa und der DDR-Nationalmannschaft? Haßte ich nicht alle BRD-Sportler? War nicht derjenige, der nicht für die Sache war, gegen die Sache? Konnte man diese verknöcherte Partei nicht nur aus ihrem Innern aufbrechen? Und wollte ich nicht Journalist werden? Hatte Lenin nicht Parteiorganisation und Parteiliteratur geschrieben? Und hatte Lenin nicht recht?

Mein Gewissen sagte, ich sei ein Arsch, und im übrigen sei es müde und wolle schlafen. Ich ließ es und lernte meinen Begründungstext auswendig.

Es war nicht angenehm dort unten zu stehen, ich fühlte mich schlecht, aber nicht annähernd so schlecht wie damals, als ich im FDJ-Hemd unterm Kruzifix gesessen hatte. Dort oben auf den Bänken des Hörsaales saßen ja meine Freunde, meine Kumpels, Bettgefährtinnen und Kritiker des Systems. Ich war ja zu Hause. Wir würden alles anders machen.

Anschließend gab ich einen aus.

Ich hatte nie wieder Schlafstörungen. Ich machte mein Diplom in Stilistik, ich erfand eine Darstellungsart, die es bis dahin nicht gegeben hatte. Das Pointieren. Ich galt als ein bißchen schräg und ein bißchen unangepaßt, weil ich längere Haare hatte und auf unserem Abschlußball einen dogmatischen Dozenten parodierte. Ich hatte eine Freundin, deren Stiefvater Journalist in West-Berlin war und gelegentlich einen *Spiegel* mitbrachte. Das war Journalismus, fand ich, aber ich lebte nun mal in der DDR. Vielleicht später. Ich bestand den Sportreportertest beim DDR-Fernsehen, aber die Absolventenlenkungskommission schickte mich für drei Jahre in die Wirtschaftsabteilung der *Berliner Zeitung*. Planberichterstattung. Dort würde ich überwintern, dann würde ich Sportreporter werden. Wenig Politik und viel Reisen.

Ich war Wirtschaftsredakteur. Ich berichtete den Lesern,

wieviel Preßlufthämmer der VEB Niles Druckluftwerkzeuge über den Plan produzierte, wie es um den Drei-Temperaturzonen-Kühlschrank des VEB Kühlautomat stand, der nie fertig wurde, und erklärte ihnen, was ein Abrichter für Zahnflankenschleifmaschinen ist, obwohl ich es selbst nicht wußte. Ich interviewte Jugendforscher, ökonomische Direktoren, FDJ-Sekretäre und hoffte, daß es niemand las. Ich log nicht mal, ich ließ weg, färbte schön und überließ anschließend meine Manuskripte den Stiften meiner Vorgesetzten.

Immer mehr wurde meine Redaktion eine Welt, die ihre eigenen Werte hatte. Eine kleine künstliche Welt, die nichts mit der richtigen dort draußen vor den Zeitungsfenstern zu tun hatte. Hier drin gab es Lob und Kritik an einer Arbeit, die sich längst völlig von ihrer Aufgabe verabschiedet hatte, den Lesern die Welt zu erklären. Ihnen zu berichten, was draußen vorging. Sie erfüllte eher eine gegensätzliche Funktion. Und dennoch freute mich das Lob dieser Welt, und ihre Kritik ärgerte mich.

Die richtige, rauhe Wirklichkeit filterte ich durch mein kleines, ängstliches Parteijournalistenherz. Ich sah sie, roch sie, fühlte sie, aber ich ließ sie nicht in meine Texte. Nicht in meine Notizbücher. Und manchmal ließ ich sie nicht einmal in mein Hirn.

Bei den Recherchen für eine Reportage über das Bauwesen in Leipzig brach der SED-Bau-Sekretär weinend an seinem Schreibtisch zusammen, weil irgendwelche Parteibürokraten aus Berlin kurzerhand 50 Denkmäler von der Denkmalsliste gestrichen hatten, damit Leipzig sein Wohnungsbauprogramm erfülle. Ein heulender Parteifunktionär. Ein gutes Bild. Der mutige Chefarchitekt der Stadt führte mich in die schlimmsten, verkommensten Gegenden. Er zeigte mir Geisterviertel, die nur noch von Ratten bewohnt wurden, verfallenene, schimmlige Messehöfe, die einmal wunderschön waren, Häuser, die nur bis zum Erdgeschoß rekonstruiert worden waren, damit der Generalsekretär aus seinem Autofenster einen guten Eindruck gewänne, und er nannte das Politbüro einen »Haufen alter

Knallköppe«. Ich fragte ihn, ob er mir nicht auch mal was Schönes zeigen könne. Wegen der Ausgewogenheit. Und er zeigte es mir, obwohl es schwer zu finden war. Weil er ja wußte, wie das Spiel lief.

In meinem Artikel war das kaputte, marode Leipzig kaum noch wiederzuerkennen. Ein stellvertretender Chefredakteur verwandelte seine Rudimente dann restlos in eine blühende Stadt. Einem wütend protestierenden Kollegen, dem er mal einen Artikel über die Rekonstruktion des Schienennetzes der Reichsbahn umgeschrieben hatte, sagte dieser Mann einmal: »Für seine Partei muß man sich auch mal lächerlich machen können.«

Ich beschwerte mich nicht, er entschuldigte sich nicht. Er ließ mitteilen, ihm sei ein bißchen viel »Abriß« im Text gewesen.

In Leipzig ging es also vorwärts mit dem Bauen. Mein Artikel wurde in der Redaktionskonferenz gelobt. Das dämpfte meinen Ärger. Wenn ich überhaupt noch Ärger empfunden hatte.

Ich betrachtete die drei Jahre Absolventenzeit wie einen Wehrdienst. Ich zählte die Tage, bis ich endlich Sportreporter sein würde. Sicher müßte ich dort weitere fünf Jahre Bewährungszeit durchstehen, um richtig arbeiten zu können. Aber die Uhren gingen langsam damals. Was waren fünf Jahre? Und irgendwann hätte ich es dann geschafft. Wenig Politik, viel Reisen.

Wer war ich?

Ein Mensch, der Journalist geworden war, weil er sich im Mathematikunterricht langweilte. Mit 27 Jahren arbeitete er auf die Rente beim Sportfernsehen hin. Sein einziger politischer Widerstand hatte darin bestanden, daß ein besoffenes Mädchen eine Alarmanlage auslöste, als er gerade auf dem Klo war. Das war ich? Offensichtlich.

Als anderthalb Jahre Zeitungsdienst rum waren, die Hälfte sozusagen, klingelte das Telefon auf meinem Redaktionsschreibtisch.

Es war Frühling 1989, und Jörg war am Apparat ...

Ich erzählte meiner Freundin, daß die Sache mit der Kriminalpolizei ein Irrtum gewesen war. Sie stellte keine Nachfragen. Ich hoffte, daß Jörg nicht mehr anrufen würde. Zwei Tage später kam in unserer Redaktion die offizielle Information an, daß ich zu den Weltfestspielen nach Korea fahren könnte. Vielleicht war jetzt alles vorbei. Jörg meldete sich nicht. Langsam begann ich ihn zu vergessen. Vielleicht hatten sie ja das Interesse an mir verloren. Alte Disziplinschwierigkeiten in der Kaderakte gefunden oder so was. Alexander Osang: Unzuverlässig. Nicht zu gebrauchen. Untauglich.

Zehn Tage später meldete er sich. Er rief in der Redaktion an. Ich tat so, als würde ich nichts verstehen. »Bitte? ... Wer ist da? ... Tut mir leid, ich verstehe überhaupt nichts ...«, sagte ich und riet ihm, bevor ich auflegte: »Versuchen Sie es doch noch mal.« Nichts wünschte ich weniger als das. Ich saß an meinem Schreibtisch und starrte das Telefon an. Ich schwitzte, mir war übel. Ich wartete. Aber das Telefon rührte sich nicht. Jörg hatte aufgegeben, vielleicht hatte er keine Zwanziger mehr, oder er hatte mich durchschaut. Ich starrte auf das Telefon.

Ich hatte getan, was ich immer tat. So getan, als sei gar nichts passiert. Und ich hoffte, was ich immer hoffte. Daß alles gut wird.

Und?

Was und?

Keine Angst, was?

Hör auf, mir ist schlecht. Außerdem bin ich ihn erst mal los.

Und was machst du beim nächsten Mal?

Vielleicht gibt es ja kein nächstes Mal. Vielleicht gibt er ja auf. Vielleicht merkt er, daß ich nicht mitspiele. Daß ich nicht will.

Du Träumer. Was machst du, wenn er noch mal anruft? Die gleiche Tut-mir-leid-ich-versteh'-Sie-nicht-Nummer?

Warum nicht?

Weil er dann vielleicht irgendwann hier in der Tür steht. Dich im Büro besucht und begrüßt wie einen alten Kumpel,

und alle fragen: Sag mal, Alex, wer war denn das eben?
Der sah ja aus wie von der Stasi.
Nein, nein. Nicht das. Vielleicht rede ich ja mit jeman-
dem darüber.
Du hast versprochen zu schweigen.
Na und, ich habe vieles versprochen.
Und mit wem willst du darüber reden?
Mit meinem Chef zum Beispiel.
Und wenn der sagt: Entschuldige mal, was hast du denn
mit den Genossen von der Staatssicherheit für Probleme?
Bist du nun dafür oder dagegen? Was, wenn er selbst dabei
ist? Wenn er von dir fordert, mitzumachen?
Ich weiß nicht.
Ich hab dir gesagt, du sitzt in der Scheiße.
Ja.

Einmal schaffte ich die Ich-verstehe-Sie-nicht-Nummer
noch, schließlich war das DDR-Telefon-Netz wirklich mi-
serabel. Wieder legte ich den Hörer auf, wieder starrte ich
und schwitzte. Beim nächsten Mal würde ich mit ihm
reden müssen. Ich wollte auf keinen Fall, daß er hier auftaucht.

Ich wußte damals noch nicht, daß er das nie getan hätte,
ich wußte nicht, daß er mein Führungsoffizier werden
wollte. Ich wußte überhaupt nicht, was ein Führungsoffizier war, ich kannte das Wort IM nicht, ich wußte überhaupt nichts über die Stasi. Nur, daß sie gefährlich war.

Beim Studium hatte es die Gerüchte gegeben, daß in
jeder Seminargruppe einer von ihnen sitzt, und bei der
Armee hatten sie erzählt, daß alle Briefe kontrolliert würden. Von der Abteilung 2000. Mein gesamtes Wissen über
das methodische Vorgehen von Geheimdiensten bezog ich
aus drei Vorlesungen »Geheimnisschutz«, die wir im Studium bekommen hatten. Dort hatte ich gelernt, daß man
als Journalist im kapitalistischen Ausland immer die
Aschenbecher auf den Kneipentischen umdrehen muß,
weil unter ihnen oft Wanzen befestigt würden. Außerdem
solle man in kapitalistischen Parkanlagen keine lauten
Selbstgespräche führen und das Telefon im Hotelzimmer

immer möglichst weit weg vom Bett stellen. Weil, wie der Dozent erklärte, der gegnerische Geheimdienst manchmal mitten in der Nacht anrufe, und die Schlaftrunkenheit des im Ausland weilenden DDR-Journalisten zu überrumpelnden Fragen nutze. Wenn man aber erst aufstehen muß, um ans Telefon zu gelangen, sei man beim Abnehmen des Hörers schon wieder soweit beieinander, daß man sich nicht mehr überrumpeln lasse. Da uns die Möglichkeit, in Parkanlagen des nichtsozialistischen Wirtschaftsgebietes Selbstgespräche zu führen, ziemlich unrealistisch schien, nahmen wir das Fach »Geheimnisschutz« überhaupt nicht ernst.

Ich war also völlig unvorbereitet. Aber ich wußte, daß ich mit ihm reden mußte.

Er rief gleich am nächsten Tag an.

»Und wie geht's?«

»Gut, gut«, sagte ich. Aus meinen Achseln lief Schweiß.

»Und dir?« fragte ich. Hatte ich ihn beim letzten Mal geduzt? Stellte ich nicht zuviel Vertrautheit her? Würde er jetzt denken, der macht mit? War alles verloren?

»Ja, ich wollte dich eigentlich nur fragen, ob du da voll ausgelastet bist bei der *Berliner*?« fragte er.

Also doch. Mein Hemdrücken war kalt und naß.

»Eigentlich schon, du weißt ja. Ich mach' hier eine ganze Menge. Und dann habe ich auch Familie, weißt du. Einen kleinen Sohn.«

»Na klar, weiß ich das.«

Na klar, wußte er das! Aus den Akten natürlich. Oder wurde ich schon überwacht?

»Also«, sagte ich.

»Ja, ich wollte fragen, ob du noch was anderes, so, neben deiner Arbeit machen würdest?« fragte er freundlich.

»Nein«, keuchte ich ins Telefon. »Kann ich mir nicht vorstellen. Verstehst du?! Überhaupt nicht. Niemals!«

»Sag mal«, sagte Jörg, »was ist denn mit dir los? Hast du Probleme oder was? Ich verschaffe dir hier vielleicht einen Superjob, und du führst dich auf, als wolle ich dich umbringen. Früher wolltest du doch zum Fernsehen?«

»Ja, sicher«, flüsterte ich. »Wer bist du?«

»Na, Lutz«

Lutz. Ein Kommilitone von mir. Lutz. Er hatte exakt die Stimme. Weich und einschmeichelnd.

»Entschuldige Lutze, ich hab' dich irgendwie verwechselt«, stammelte ich erleichtert.

»Mit wem denn?« fragte er und lachte. Aber er wollte glücklicherweise keine Antwort. Er kam ja vom Fernsehen. Er lud mich zu einem Moderatoren-Test für die »elf 99«-Sendung ein, die demnächst beginnen sollte. Wir machten einen Termin aus. Ich legte den Hörer auf und starrte das Telefon an. Ich war klatschnaß. Ich war auf dem besten Wege, paranoid zu werden.

So ging das nicht weiter.

Einmal stand ich schon bei meinem Abteilungsleiter im Zimmer, um ihn zu fragen, was ich tun soll. Aber als er mich mit diesem breiten Bauarbeiterlächeln begrüßte, mit diesem »Na, mein Junge, wo drückt denn der Schuh«, ahnte ich, was er mir raten würde.

Irgendwann fragte ich meinen Kollegen Andre auf einem unser langen Verdauungsspaziergänge nach dem Mittagessen durchs zusammengefallene Scheunenviertel. Andre war nicht überrascht. Und er riet mir, was ich eigentlich wußte. Was ich immer gewußt hatte. Und was mir dennoch so schwerfiel.

»Du mußt nein sagen«, sagte er.

»Du mußt auf jede Frage nein sagen. Nicht: mal sehen, vielleicht später, eigentlich nicht oder ich überleg's mir mal, sondern nein. Sonst lassen sie dich nie in Ruhe.« Andre wußte, was er sagte. Er war während seines Armeedienstes angesprochen worden und wußte, daß man sie nur mit Entschiedenheit loswürde.

Ich war zu einem eindeutigen Nein bereit.

Zwei Tage später verstand ich Jörg am Telefon. Klar und deutlich. Ich sagte ihm, daß ich mich keinesfalls mit ihm treffen würde. Er sagte, daß das aber unbedingt nötig sei. Ich sagte, daß ich nicht wüßte, was das bringen solle. Er sagte, das würde ich schon merken. Sie würden mich vor der Volksbühne aufnehmen. An diesem Tag um diese Zeit. Ich sagte noch mal, daß es kein Sinn machen würde. Jörg legte auf.

Nun, es war nicht unbedingt ein klares Nein. Aber es hatte eine Tendenz in diese Richtung. Nur, was bedeutete aufnehmen?

»Sie wollen dich mit dem Auto abholen«, erklärte mir Andre und bot mir an, mich zum Treffpunkt zu begleiten. Auf dem Weg dorthin schärfte er mir noch mal sein Immer-nein-Prinzip ein. Dann versteckte sich Andre in einem Hauseingang. Ich wartete. Immer nein. Immer nein. Immer nein.

Jörg kam dann doch zu Fuß. Und er kam zu spät. Entweder sie nahmen ihn oder sie nahmen mich nicht mehr ernst. Beides gut. Ich versuchte noch mal klarzustellen, daß wir nicht lange reden müßten, aber Jörg wollte das nicht auf der Straße erörtern, sondern in der nahegelegenen Theaterklause. Hoffentlich war sie leer, dachte ich und sah mich nach Andre um. Er war nicht zu sehen. Leider wußte ich damals noch nichts von der heilsamen Kraft der Dekonspiration. Ich hätte mir ein unerfreuliches Gespräch sparen können.

Die Theaterklause war völlig leer. Ich ließ mich zu einer Cola überreden und mußte erfahren, daß es der westdeutsche Geheimdienst auf mich abgesehen hätte. Dies habe Jörg aus der DDR-Botschaft in der Koreanischen Volksdemokratischen Republik erfahren. Es klang alles völlig unlogisch, vielleicht war Jörg auch ziemlich fertig. Aber mir fiel das in dem Moment nicht weiter auf, weil ich mich völlig darauf konzentrierte, jede Frage mit einem entschiedenen Nein zu beantworten.

Einmal verletzte ich das Prinzip. Aus Eitelkeit. Weil ich nicht völlig bescheuert erscheinen wollte, versuchte ich zu argumentieren. Ich erklärte, daß es mit dem Beruf eines Journalisten nicht zu vereinbaren sei, Informationen seiner Gesprächspartner weiterzuleiten. Wenn Jörg wirklich clever gewesen wäre, hätte er mich genau an diesem Punkt umlegen können. Denn genau genommen tat ich herzlich wenig, was mit dem Beruf eines Journalisten zu vereinbaren gewesen wäre. Gut, ich arbeitete bei einer Zeitung, aber das war schon fast alles.

Aber ich hatte wieder mal Glück. Jörg war nicht clever. Jörg wurde wütend.

»Wir kommen dir entgegen, da erwarten wir von dir einfach, daß du uns auch ein bißchen entgegenkommst«, sagte er, und seine weichen Züge strafften sich.

»Ich versteh' nicht, wie Sie mir entgegenkommen«, sagte ich.

»Na was denkst du denn, wer dir die Reise nach Korea genehmigt hat?«

»Sie?«

»Ja sicher.«

»Ja und«, sagte ich. »Soll das heißen, daß ich nicht fahren kann, wenn ich nicht mitmache?«

»Wenn wir von dir kein Entgegenkommen spüren, spürst du von uns auch keines«, sagte Jörg.

»Also heißt es, daß ich nicht fahren kann?«

»Wenn du es so sagen willst, ja. Das heißt es«, sagte Jörg mit einem äußerst zweifelhaften Lächeln, das seinen Ärger tarnen sollte. Vermutlich hatte er wirklich gedacht, ich sei kein Problem. Immer nein. Immer nein. Immer nein.

»Gut«, sagte ich. »Dann kann ich eben nicht fahren. Auch nicht so schlimm.«

Ich stand auf und ging. Die Staatssicherheit hat noch eine Club-Cola für mich bezahlt. Dann ließ sie mich zufrieden.

Du bist frei, sagte mein Gewissen draußen auf der Straße. Fühlst du dich nicht besser?

Doch, viel besser.

Du hast es ihnen gegeben. Du hast zum ersten Mal nicht das gemacht, was sie von dir erwarten. Du kannst das. Und es war doch nicht schwer, oder?

Nein, das nicht.

Aber?

Nichts aber.

Komm schon, was hast du?

Ich wäre wirklich gerne nach Korea gefahren.

Am nächsten Tag rief jemand von der FDJ an und erzählte mir, daß ich nun doch nicht mit der offiziellen Delegation nach Korea fliegen könnte, sondern mit der Touristendelegation. Ich weiß nicht, ob das ein letzter Gruß von Jörg war, und eigentlich ist es auch egal.

Ich flog nach Korea, und in einer Nacht in einem gespenstischen Nobelhotel mitten im wunderschönen Diamantgebirge erzählte ich nach einer Flasche Wodka einem jungen, schwulen Schriftsteller von meinen Erlebnissen mit Jörg. Der kritische Dichter, der ein paar Monate später zu den Hungerstreikenden vor der Lichtenberger Stasi-Zentrale gehören sollte, schaute mich traurig an.

Vielleicht lag es am Wodka, aber irgendwie begriff ich in diesem Moment, daß das nicht besonders viel Charakter war. Für ein 27jähriges Leben.

Ich war nie stolz auf das erste entschiedene Nein meines Lebens. Es war keine große Leistung. Es war immerhin schon 1989, die DDR wankte, und die Stasi hatte nur eine Reise nach Korea in der Hand. Es ging nicht um mein Augenlicht, es ging nicht um meine berufliche Existenz, und eine politische Überzeugung, die so groß gewesen wäre, daß man mich an ihr hätte packen können, besaß ich nicht. Es ging nur um eine Reise. Und wenn sie mich nach New York gebracht hätte, wäre ich vielleicht schwach geworden. Ich weiß es nicht. Ich weiß nicht, wie groß eine Versuchung sein muß, um ihr zu erliegen. Ich weiß nur, daß die Worte, die ich später von aufgeflogenen IMs hörte – »ich habe niemandem geschadet« oder »ich habe mir gedacht, ich sage denen sowieso nur das, was ich verantworten kann« –, auch von mir hätten stammen können.

So bin ich nicht stolz auf dieses Nein, aber es scheint, wenn man die Dinge heute so sieht, das entscheidende Nein gewesen zu sein. Man kann eben nicht raus aus seiner Haut.

Ich hab' einfach Glück gehabt.

Ich war doch gut, oder?

Otto Waalkes ist nach zwölf Jahren Pause
wieder auf Tournee – er hat sich nicht
verändert, aber er wird nie wieder so wie früher

Wir sind zu früh da, und wir sind zu leicht gekleidet. Durch
Dresden weht ein fieser, feuchter Wind, der heimtückisch
in deine Jacke kriecht und dir erzählt, daß dir ab jetzt
deine ganzen schönen Vitamintabletten nicht mehr helfen
werden. Wir hocken auf Steinblöcken vorm Kulturpalast,
umklammern unsere dampfenden Kaffeebecher und warten. Da kommt die Frau. Sie sieht aus wie Angelika Unterlauf, die früher die Nachrichten der »Aktuellen Ka-
mera« ansagte, und wahrscheinlich ist sie es sogar, denn
sie hat ein Mikrofon in der Hand, auf dem *SAT.1* steht.
Hinter ihr steht ein Kameramann, und die Frau hat eine
Frage. »Wie finden Sie Otto?«
  Ich friere und hoffe, daß der Fotograf vielleicht auch mal
was sagt, aber als ich mich zu ihm umdrehe, ist er verschwunden. Vor mir lauert das *SAT.1*-Mikrofon, die Ka-
mera zielt auf mich, Angelika Unterlauf lächelt aufmunternd. Wie also finde ich Otto?

Die ersten Bilder in meinem Kopf sind schwarzweiß, sie
müssen lange zurückliegen. Ein zappelndes Männchen,
über das wir Tränen lachten. Wir machten in den Schul-
pausen das blubbernde Herz nach, das Großhirn und die
Milz, die blinde Nuß. Wir imitierten Oberförster Pudlich,
Harry Hacker und Frau Suhrbier. Später besuchte Otto
die DDR, was ja, zumindest aus unserer Sicht, für ihn
sprach, genau wie der Film, den er mitbrachte. »Wie pin-
kelt ein Eskimo?« fragte ihn ein Rocker in diesem Film.
Leider wurden die Filme von Mal zu Mal schlechter. In
den letzten ging ich nur noch wegen des Busens seiner
Filmpartnerin. Jede zweite Zeitung druckte seine leidlich

ulkigen Comic-Strips, manchmal tauchte er am Rande von Tennisspielen, Golfturnieren oder Wohltätigkeitsgalas auf, wo er, wenn sich überhaupt noch jemand für ihn interessierte, den Affen machte. Er verkaufte seine Lebensgeschichte an die *BILD*-Zeitung, er ließ sich völlig verunstaltet, aber grinsend, nach einem schweren Autounfall fotografieren. So kam es, daß ich mir die *RTL*-Serie mit Otto, die in diesem Jahr lief, gar nicht mehr anschaute, weil ich montags auch Fußball spielen kann.

In ein paar Stunden beginnt die Premiere seiner Live-Tournee im Dresdner Kulturpalast. Die erste Tournee seit zwölf Jahren.

Wie also finde ich Otto?

»Mal sehen, wie die Show ist. Ich will mich überraschen lassen«, sage ich in das *SAT.1*-Mikrofon.

»Was soll ich machen?« fragt Otto die Fotografen und Kameramänner, die im leeren Saal des Kulturpalastes warten. Dies hier nennt sich Photo-Call. Ein paar Stunden vor der Show darf Otto fotografiert und gefilmt werden, während der Show ist es verboten. Otto Waalkes steht auf der Bühne. Er trägt Turnschuhe, beutelige Jogginghosen und ein T-Shirt. Hinter ihm hat sich die Band aufgebaut. *Die Friesenjungs*. Otto Waalkes ist bereit, Faxen zu machen.

»Soll ich singen?« fragt Otto, greift sich eine Gitarre und schrammt auf ihr rum. »Sagt mir doch, was ich tun soll.« Schließlich fängt er einfach an. Eine donnernde Rap-Nummer, die sich, soweit das zu verstehen ist, mit Horst Tappert und Fritz Wepper beschäftigt und mit einem deutschen Touristen, der sich in die Bronx verirrt hat. Die Boxen krachen, aus Deckenscheinwerfern schießen weiße Blitze auf die wildhüpfende Gestalt mit der Gangsta-Kapuze. Dann bricht die Musik ab. In die Stille spricht ein Kameramann. »Jetzt vielleicht mal was Langsames.«

Otto bringt seine Version von »walk on the wild side«, die Fotografen machen ihre Arbeit. Niemand lacht. Als er fertig ist, klatschen drei, vier Redakteure. Es klingt wie bei einer schlechtbesuchten Lesung in einem Kaffeehaus. Die ungewohnte Ruhe nach der Pointe zerrt an Ottos Ner-

ven. »Können Sie jetzt mal was ohne Musik machen?« fragt jemand. »Ohne Musik, ja gut.« Als er ansetzen will, empfiehlt ein anderer Fernsehkollege. »Können Sie dazu vielleicht ein buntes Jackett anziehen. Damit es ein wenig farbig wirkt.« Kein Problem. Otto wirft sich einen roten Umhang über und moderiert die David-Ottifield-Nummer an: »Jetzt wird's zauberhaft ...« »Haben Sie nicht vielleicht was Kariertes?« fragt ein Fotograf.

Otto macht dann auch was mit weißer Kochmütze, er macht was mit Hirtenhut und Geige, mit Sonnenbrille, mit Fisch in der Hand, er wiehert, er steht auf einem Bein, er hüpft im berühmten Otto-Shuffle, bucklig mit vorgestreckten Armen über die Bühne, er macht alles, was sie wollen. Bis nach fünfundzwanzig Minuten der Photo-Call beendet wird. Keiner hat gelacht. Otto Waalkes ist Multimillionär, er ist 47 Jahre alt. Warum macht er das?

Als wir den Saal verlassen, probt die Band den Eröffnungssong. »Otto, who, the fuck, is Otto?«

Hansi Hoffmann ist ein fülliger, älterer Herr mit schmeichelndem Baß. Hansi Hoffmann ist Promoter für Unterhaltungskünstler. Angefangen hat er mit Peter Kraus, Rex Gildo und Gus Backus, später hat er die deutsche Pressearbeit für *ZZ top*, die *Rolling Stones* und Bon Jovi erledigt, nun wirbt er für Otto. »Er ist ein richtiger Kumpel. Er hat mich gefragt, da hab' ich sofort zugesagt«, sagt Hansi Hoffmann.

Vor zehn, zwölf Jahren hätte Otto keinen Hansi Hoffmann gebraucht. Inzwischen gibt es Helge Schneider und Harald Schmidt und keine Tabus mehr. Ottos *RTL*-Show ist ziemlich verrissen worden, die Hallen, die er auf seiner Tournee füllen muß, sind groß. Viel Arbeit für Hansi Hoffmann. Er hat den offiziellen Tourneestart von Mannheim nach Dresden verlegt, »weil ich eine Stadt haben wollte, in die Journalisten gern kommen. Und Mannheim ist fürchterlich«. Er zahlte Fahrtkosten, Übernachtung im Bellevue-Hotel, besorgte Premierenkarten für die besten Plätze, organisierte den Photo-Call und ein gemeinsames Abendessen mit Otto. Hansi Hoffmann hat sich nichts vorzuwerfen.

Das Ergebnis seiner Bemühungen wartet im Hotelfoyer auf die Abfahrt zum Kulturpalast. Es paßt bequem in zwei Taxis. Fünf Lokalzeitungsredakteure und ein junger Mensch von *Antenne Mecklenburg-Vorpommern.* Und der kommt zu spät.

Otto ist Otto geblieben. Er hetzt zwei Stunden lang wie angestochen über die Bühne, er jodelt, er krächzt, und niemand kann so gut wie er nachmachen, wie sich mitten im tiefsten Dschungel eine Gruppe von Kannibalen nähert. Er macht eine erstklassige Herbert-Grönemeyer-Parodie und bringt einen soweit, daß man über Reime wie »Seht sie an, die Meise. / Trinkt sie, baut sie Scheiße. / Da, schon rauscht ihr drittes Ei / wieder voll am Nest vorbei« Tränen lachen kann. Wie früher, als er noch schwarzweiß war.

Natürlich bringt er Standards (»Wirr nämmen einä Salmonelle«), er macht zum tausendstenmal seine kleine Englisch-Schule, und der Horst-Tappert-Rap ist immer noch nicht richtig komisch. Aber er ist viel komischer als noch vor ein paar Stunden vor den gelangweilten Kameraleuten. Otto berauscht sich an dem begeisterten, sächsischen Publikum, das ihn noch für den letzten Kalauer abfeiert (»Mein Hund hat immer die Leute auf dem Fahrrad gejagt. Bis ich ihm das Fahrrad weggenommen habe.«) und jeden Herrenwitz-Reim dankbar aufnimmt (»Clint sagt zu seinem Eastwood: Er klemmt zwar oft, aber er schießt gut.«).

Gegen Ende, als er Hits parodiert, deren Melodien die Menschen aus dem Radio kennen, tobt der Saal. Der Milka-Song endet bei ihm so: »Aber Vorsicht! Ich bin schwul, Mann.« Leider versucht er auch Satisfaction: »Otto muß ins Bettchen.« Manchmal fangen die beiden Großbildleinwände für Sekunden sein Gesicht ein, wenn eine Nummer zu Ende ist. In dem Moment, wo der Jubel losbricht, strahlt Otto Waalkes glücklich. Wie ein Kind. In diesen seltenen Augenblicken glaubt man zu verstehen, warum er sich das alles antut.

Aber er kann den Jubel nicht genießen, weil nach dem

Jubel immer vor dem nächsten Gag ist. Über 30 Nummern hat sein Programm. Hunderte Gags, 25 Städte.

Und was ist nach der Tournee? Vielleicht eine neue Tournee. Und dann? Worüber lachen die Leute dann?

Hansi Hoffmann hat einen großen Saal im vornehmen »Italienischen Dörfchen« für die Premierenfeier gemietet. Einen zu großen Saal. Hansi Hoffmann erzählt, wie er hier, es muß zwölf Jahre her sein, mal mit Katja Ebstein und ein paar kulturpolitischen Funktionären saß. »Ich hatte eine Betreuerin, die garantiert IM war oder so was. Aber die hatte einen klasse Arsch. Und am nächsten Morgen rief sie mir aus dem Hotelbett nach: ›Jetzt biste wohl froh, och mal 'ne Genossin geknepert zu haben.‹ Ha, geknepert!« Dann kommt glücklicherweise Otto.

»Na, wie war ich? Ich war doch gut? Oder? Seid ihr zufrieden?« fragt Otto atemlos. Die Vertreter der Lokalpresse von Oldenburg bis Berlin nicken gnädig. *Antenne Mecklenburg-Vorpommern* schlägt vor, noch ein paar Standards einzubauen. »Ja, meinst du? Standards? Der menschliche Körper. So was. Vielleicht! Ja. Gute Idee, Mann.« *Antenne Mecklenburg-Vorpommern* lächelt zufrieden. Otto setzt sich an den Journalistentisch. »Was wollt ihr wissen?«

Gute Frage. In der Pressemappe von Hansi Hoffmann steht alles drin. Otto mag Bon Jovi, hat mit neun seine erste Gitarre bekommen und findet, daß man Humor und Spaß auf der ganzen Welt versteht. Was die Familie macht, von der man ja zuletzt schlimme Sachen hörte, ist auch nachzulesen. »Mein Sohn wird allmählich erwachsen, und meine Frau wird langsam kindisch.« Was also fragt man Otto Waalkes?

Vielleicht ein paar technische Details. Warum spielt er diesmal mit so großer Band? »Ja, ich könnte auch ohne Band spielen. Aber mit Band ist doch gut, oder?« In welchem Moment hatte er an diesem Abend das Publikum? »Ganz am Ende. Nee, am Anfang. Oder doch am Ende. Ich weiß nicht?« Otto hat bestimmt nie über Antworten auf solche Fragen nachgedacht. Er hat auch keine Lust darüber nachzudenken. Aber eine Frage gibt es, die er beantworten kann. Warum tut er sich diese Tour an, wieso setzt er sich nicht zur Ruhe? »Ich brauch' das. Die Bestätigung durch das Publikum, das ist, das ist wie eine Droge.«

Seine Augenbrauen sind pausenlos in Bewegung, er kaut auf den Lippen, er pult in den Fingernägeln. Er hat hier schon viel zu lange rumgehangen. Wir haben ihm doch gesagt, daß er gut war, mehr will er nicht wissen. »Besorg mir bitte ein Flugzeug für morgen«, sagt er zu Hansi Hoffmann und springt auf.

Hansi Hoffmann guckt ein bißchen besorgt. Wo sind die überregionalen Zeitungen, wo die Illustrierten? »*Die Bunte* macht bestimmt zwei Seiten, wenn er sich mit seiner Frau wieder verträgt, und das sieht im Moment sehr gut aus, worüber Otto auch sehr froh ist.« Die *Stuttgarter Zeitung* hat noch nicht einen Satz aufgeschrieben. »Stuttgart ist so gut wie ausverkauft«, sagt Hansi Hoffmann. In Berlin gibt es ein Zusatzkonzert. Otto ist Kult. Auch die Jugend liebt ihn wieder. Hansi Hoffmanns Sohn beispielsweise kann das Friesenlied auswendig. Chemnitz ist ausverkauft. »Otto war heute sowieso nicht so gut drauf, weil Deutschland aus dem Davis-Cup geflogen ist.« Schwerin ist noch nicht ganz ausverkauft, aber Schwerin hat auch eine sehr große Halle.

Otto Waalkes steht neben einem dicken Mann am kalten Büfett und fragt, ob er Satisfaction am Ende nicht doch lieber lassen soll. »Kommt doch nicht gut, oder?« Der Dicke nimmt sich ein Stück Brot.

Der gespaltene Arsch

Als Wolfgang Lippert der Nachfolger von
Thomas Gottschalk werden sollte

Kregel. Was für ein Wort. Wie ist man, wenn man kregel
ist? Unbeschreibbar wahrscheinlich. Nett ganz bestimmt.
Aber sonst? Ist es gut, wenn einem zu dem Menschen, den
man beschreiben soll, Wörter wie kregel einfallen? Man
sucht nach Attributen, findet »komisch«, stößt auf »witzig«
oder »schrill« und verwirft alles wieder, weil es nicht paßt.
Ein bißchen schon, aber nicht ganz. Schließlich wählt man
Sachen wie »nett« oder »kregel« aus, die man zwar ziemlich blöde und blaß findet, aber doch irgendwie treffend,
treffender jedenfalls als alles andere. So entstehen Menschen, die kregel sind. Menschen wie Wolfgang Lippert.

In viele Artikel über den Mann schlich sich dieses tragi-
sche Attribut. Mal ist er »federnd und kregel«, dann wieder nur schlicht »der kregele Ost-Berliner«. Das blasse
Profil einer Ulknudel und Frohnatur zittert da an einem
vorbei, nichts Faßbares. Gottschalk ist komisch, Carrell
ist erfolgreich, Elstner ist wenigstens erfolglos und staub-
trocken, aber kregel ist nur Wolfgang Lippert. Sie basteln
an ihm. Sie kneten ihn, formen und drücken, doch es will
kein Bild draus werden.

Wolfgang Lippert sieht müde aus. Er lungert auf dem ver-
schlissenen Sofa eines handtuchgroßen Büros und schaut
sich auf die Stiefelspitzen. Alles raucht. Lippert ist auf
Klapper-Tour. In den Wochen vor seiner »Wetten, daß ...«-
Premiere tingelt er durch Pressekonferenzen, Talkrunden
und Fernsehshows, um am weitverbreiteten und nicht un-
begründeten Vorurteil, er könne Thomas Gottschalk nicht
das Wasser reichen, zu kratzen. Er sitzt bei Elke Heiden-
reich am Tisch, bei Wim Thoelke im Klassenzimmer und

plaudert mit Friedrich Küpperbusch in ZAK. »Die aktuelle Schaubude« hat ihn nach Hamburg geladen, um nach Thomas Gottschalk zu fragen, und wie es weitergeht. Das Übliche.

In dem kleinen, verrauchten Zimmerchen des *NDR* sitzen Leute mit Namen. Namen, die ein Mann wie Lippert in diesen Tagen für die Dauer einer Sendung speichern und dann sofort wieder löschen muß, um Platz zu machen für neue: von Beratern, Managern, Redakteuren, Kameramännern, Produzenten und Regisseuren. Diesmal heißt der Redakteur Heiner Stetter. Er reißt Lippert aus dem Kurzschlaf und stellt ihm den Moderator vor. »Christian Schröder, Wolfgang Lippert!«

Lippert springt auf und schüttelt einem nervös lächelnden Menschen die Hand. »Aufgeregt?« fragt er und fährt fort: »Ne alte Schauspielerin hat mir mal gesagt: ›Text rauslaufen lassen und nicht an die Möbel stoßen‹.« Kurze Denkpause (war das jetzt als Witz gedacht oder nicht?), dann entscheidet sich das Team für ein artiges Schmunzeln.

Trotzdem entsteht eine dieser kleinen, unangenehmen Pausen, die der zu füllen hat, der als letzter redete. Kein Problem für Wolfgang Lippert. »Ich war gestern im Schillertheater. Ein Stück von Goethe. Wußte gar nicht, daß das von Goethe ist. Ist von dem Hausmann neu inszeniert worden. Aber nicht von dem Edzard, sondern von Leander. Richtig lustig war das. Hab' herzlich gelacht. Obwohl es eigentlich 'ne Tragödie ist.« Ach ja, oha, na sieh mal an. Niemand weiß, warum Lippert das jetzt erzählt hat. Der Redakteur legt nachdenklich den Kopf schief, der Moderator flieht in die Garderobe. Lippert folgt ihm ...

Der Redakteur rechnet aus der Rauchwolke »4.30 plus 1.30 für Lippert, plus Anmoderation und Applaus«. Das Fernsehkauderwelsch, das so beeindruckend klingt. »Wir wollen den Lippi nicht vorführen, sondern wirklich lieb behandeln«, gesteht er. Der Fernsehmann weiß, warum. »Er wird es sehr, sehr schwer haben«, schätzt Stetter. »Vor allem wird es darauf ankommen, welche Berater er hat.« Das Stichwort für den Cowboy mit Lederhose und

Ledergesicht, der uns die ganze Zeit aus wachen Augenschlitzen über braunen Vielraucherbeuteln beobachtet hat. »Der gespaltene Arsch macht einen guten Showmaster aus«, führt er sich ein. »Die einen sehen ihn, weil sie ihn hassen, die anderen schalten ein, weil sie ihn lieben. Aus dem ersten Grund hab' ich mir immer die ›Hitparade‹ angesehen. Dieter-Thomas Heck war mein persönlicher Abkotzer.«

Der Cowboy heißt Dieter Krap und weiß, was er sagt. Drei Jahre lang hat er Rudi Carrell produziert, dann Opernstars, er hat Spielideen für Kuhlenkampff und Michael Schanze entwickelt, war zuletzt Berater bei »Super!« und arbeitet nun frei für den *NDR*. Seine besten Jahre liegen weit hinter ihm. Er frißt Zigaretten und schüttelt sich dabei unter gewitterartigen Zuckungen. Er kennt alle Etagen des Geschäftes.

»Man kann das mit einem Produkt vergleichen. Ob du Placido Domingo, Rudi Carrell oder ein Industrieprodukt vermarktest, macht letztlich keinen Unterschied.« Krap schnippt sich die nächste Lulle aus dem Päckchen und erklärt, was Wolfgang Lippert machen muß, um gekauft zu werden. »Er muß von s e i n e n Vorgängern sprechen. Die Leute müssen sich wieder daran erinnern, daß die Sendung früher von dem drögen Elstner gemacht wurde. Nur so kommt Lippert von dem unseligen Gottschalk-Vergleich weg. Er muß sorgfältig überlegen, was er anzieht. Carell beispielsweise hatte einen optischen Berater aus England, der zu jeder Sendung extra eingeflogen wurde. Lippert könnte witzige Brillen tragen, immer andere. So ein wenig wie Elton John. Aber nur, wenn er damit leben kann. Er muß sich wohl fühlen, das ist wichtig. Und schließlich muß er die Presse irgendwie bändigen. Du mußt dich mit *BILD* verheiraten, anders geht es nicht. Elstner zum Beispiel hat seine ›Nase-vorn‹-Geschichte an den *STERN* verkauft«, erzählt Krap und macht eine Kunstpause. »Drei Monate später war er tot.«

Der Regisseur fliegt vorbei. »Was sind das für komische Gäste, die dort am Bühnenrand sitzen. Ich will dort schöne Menschen haben. Versteht ihr. Schöne Menschen.« Die häßlichen Gäste werden ausgetauscht. Noch zehn Minuten bis Sendebeginn.

Lippi hat die schwarze Lederjacke gegen eines dieser schrecklichen, bonbonfarbenen Jacketts getauscht. Er tänzelt hinterm Bühneneingang und pumpt sich auf. Er swingt die Eröffnungsmelodie mit, schnipst ein wenig mit dem Daumen, feuert die Claqueure an. »Ha, die Herren mit den großen Händen.« Vor allem probiert er sein gewaltiges Grinsen. Ein Grinsen, das ihn nie verläßt, wenn er Rotlicht hat. Die Brille bewegt sich schon wieder auf Lipperts Nasenspitze zu. Vielleicht grinst er ja dagegen an, daß sie ganz herunterrutscht. Das würde manches erklären. Einer der unzähligen hektischen jungen Männer, mit Stoppuhr am Hals, Walkie-talkie in der Hand und dem Ohne-mich-läuft-hier-gar-nichts-Ausdruck in den Augen, zerrt Lippi vom Bühneneingang weg. GiGi Anderson, der gleich singen wird, läuft unter uns vorbei. Eine anderthalb Meter hohe Schaufensterpuppe mit Wachsgesicht und Fönfrisur. »Wie hieß der Moderator noch mal mit Vornamen?« fragt Lippert.

Er sammelt Punkte im Norden. Der Kumpel Lippi bringt einen mit Pannen präparierten Trabi während der Sendung wieder zum Laufen, macht ein paar derbe Scherze, erntet herzliche Lacher, kriegt einen goldenen Schraubenschlüssel und eine Tüte Gummibärchen geschenkt, sagt: »Es geht nicht darum, Thomas Gottschalk zu ersetzen, ich will sein Nachfolger sein.« Und grinst, wenn er Rotlicht hat. Das Publikum ist von der Art, das in endlosen Beifallssturm ausbricht, nachdem GiGi Anderson seinen kulturellen Beitrag »Weiße Rosen schenk' ich dir« beendet hat. Außerdem treten noch auf eine ältere, korpulente Kunstpfeiferin, die aus Böhmen kommt, und ein komisches Parodisten-Duo namens Till und Obel. Als die beiden anfangen, verläßt Lippert das Studio. Später wird er Till auf dem Garderobenflur zurufen: »Ihr wart wirklich gut.«

Vor der Garderobentür spielen sich herzzerreißende Szenen ab. Etwa fünf Frauen küssen GiGi Anderson, fotografieren sich wechselweise mit ihm und rufen dem kleinen

Schlagersänger zu: »Dann bis zur ›Hitparade‹.« Sie reisen ihm offenbar wirklich nach. Lippert bettelt kokett: »Ich habe zufällig auch Autogrammpostkarten dabei«, worauf die Damen sich nun auf ihn stürzen. Eine heißt Steffi. Dazu fällt Lippi spontan ein: »Aber Du spielst kein Tennis, oder?« Es wird laut gelacht. Dann stößt die Kunstpfeiferin dazu und erzählt, daß sie Hans-Joachim Wolfram und auch Bitterfeld kennt. Lippi staunt, lächelt, unterschreibt Postkarten, läßt sich fotografieren und hoppelt bereits ein bißchen nervös, weil er sich mit dem Moderator noch auf ein Bier verabredet hat. Er muß es jetzt allen recht machen.

Der Kern der Fernsehmannschaft versucht, Lippi zu überreden, den Rest des Abends in einer spanischen Kneipe zu verbringen. Schließlich landen wir dann aber doch im Bierrestaurant des Interconti. Lippert, Krap, GiGi Anderson, sein Manager und eine kleine Frau. Anderson preist seine neue LP an, die »wahnsinnig läuft«. Er erzählt von seiner Fangemeinde im Osten und fragt, ob wir denn die Sendung »Da lacht der Bär« kennen. »Das«, sagt Lippert vorsichtig, »war ein bißchen vor meiner Zeit.« Als sie über die Szene reden, könnte man meinen, die beiden arbeiten für die Mafia. Von Mio's ist die Rede, davon, wer wen um hunderttausend Mark geprellt hat, von Dieter-Thomas Heck, der sein Schloß ganz billig (für zwei Mio) gekauft habe, und von Leuten, denen GiGi Anderson »die Fresse polieren« würde, sollte er sie noch mal sehen. »Zumindest hätte ich die Männer, die das erledigen würden.« Nach dem Essen wird über Politik geredet. Lippi erzählt, daß »bei der Einheit jeder ein bißchen mithelfen muß«, und GiGi beklagt, daß man »beim Aldi bei mir in Eschwege nicht mehr richtig einkaufen kann. Die Regale sind leer«. Dann muß Anderson endlich ins Bett. Verstohlen fragt mich sein Manager, ob man nicht vielleicht mal die Erfolgsstory des GiGi Anderson sehreiben könne. Lippi lächelt zum Abschied.

»So ein eitler Kerl«, schnauft Lippert. Ja, aber wieso lacht er dann mit ihm und geht nicht ins spanische Restaurant zu den anderen? »Ich bin Moderator«, sagt Lippert. »Und

Moderator heißt ja auch irgendwie, dazwischen zu sein.« Im übrigen habe er eine gesunde Einstellung zu Eitelkeiten aller Art.

Lippert bestellt die Biere so, daß auch dem letzten Gast der Kneipe klar sein muß, wer hier sitzt. Nicht mal aufs Klo gehen kann er lautlos. »Ich muß mal pipi machen«, teilt er der Kellnerin mit. Die läuft knallrot an. »Na ja. Dann gehen Sie mal.« Voila und noch einen drauf. »Da können Sie mir ja schlecht helfen, nicht wahr?« kreischt Lippert durch den Raum.

Rastlos sucht sein Blick den Kneipenraum nach potentiellem Publikum ab. Erst nachts, als wir ganz allein dasitzen und Bier trinken, findet er die Muße zu längeren, unpointierten Ausführungen. Er erzählt vom Publikum, das er liebt, und von ehrlichen Kollegen, die ihm wirklich Glück wünschen. Jeder zweite Name, den er erwähnt, gehört einem »guten Freund von mir«. Er muß viele gute Freunde haben. Er sagt, er vertraue der guten Idee der Show. »›Wetten, daß ...?‹ ist eine geniale Erfindung, die kriegt man nicht so leicht tot.« Das ganze Zeug, das er auswendig gelernt hat. Nicht die Kritiker sind wichtig, sondern das Publikum. »Für das Publikum arbeite ich. Die lassen dich in ihr Wohnzimmer. Per Bildschirm. Das ist doch was ganz Intimes. Die sitzen da in Latschen vor dir, im Nachthemd. Die lieben sich vor dir.«

Karl Dall ist sein Freund und Jürgen von der Lippe, Günther Jauch mag er außerordentlich, mit Frank Elstner geht er öfter in Luxemburg essen. Der einzige, in dessen »inneren Freundeskreis« er nicht vorgedrungen ist, scheint Thomas Gottschalk zu sein. Schade, denn den bewundert er wirklich. »Er hat ideale Vorraussetzungen für einen Entertainer. Er ist ein Witzbold und schnell im Kopf. Und er ist einer der wenigen, die keine Kunstfigur sind. Er ist privat genauso wie auf der Bühne. Es gibt eigentlich nichts, was man dem Thomas vorwerfen könnte.«

Er kann viel erzählen, daß er nicht Ersatz, sondern Nachfolger von Gottschalk sein will. Er wird an ihm gemessen werden. Das Schlimme ist, er mißt sich selbst an ihm. »Ich finde, wir sind gar nicht so verschieden.«

Der Unterschied ist riesig. Gottschalk ist witzig, Lippi erzählt Witze. Wenn man Witze erzählt, muß gelacht werden, bei Gottschalk darf gelacht werden. Ich hätte das alles sagen können. Statt dessen lasse ich Lippi trotzig behaupten: »Ich finde, ich bin auch witzig.« Langsam begreife ich, warum niemand so richtig Lust hat, den Mann fertigzumachen. Damals, als ihn Gottschalk als seinen Nachfolger vorstellte, hat er wohl das erste Mal begriffen, worauf er sich einläßt. »Ich kam mir vor, als sei ich zu einer Party zu spät gekommen.« Ein gutes Bild. Am stärksten ist Lippert, wenn er ehrlich ist. »Schön«, sagt Wolfgang Lippert zu mir, »daß du hergekommen bist. Vor allem stellst du nicht die gleichen Fragen wie die anderen.« Er macht wieder alles kaputt. Ich habe genau die gleichen Fragen gestellt wie alle anderen.

Am nächsten Tag ziehen wir durch Hamburg. Es ist heiter und kühl, der Wind hetzt weiße Wolken über die Alster. Wir gehen die Reeperbahn rauf und runter, kehren in einer abgefuckten Kneipe ein, wo um die Mittagszeit volltrunkene, zahnlose Gestalten den Tresen belagern und Hans-Albers-Lieder krächzen. Lippi zeigt mir, wie die 328 PS seines 500SL wirken und freut sich wie ein Kind, als es mich in die Polster wirft. »Ich mußte dieses Ding einfach haben«, gesteht er halb stolz, halb verlegen. »Eigentlich ist er ja viel zu teuer, aber da kannst du jede Schraube rausnehmen und dich daran freuen.«

Er erzählt die saukomische Geschichte von seiner ersten eigenen Samstagabendshow beim DDR-Fernsehen. »Also ich steh' da auf der Bühne, und die *Puhdys* spielen. Harry Jeske zupft an seinem Bass, regungslos wie immer. Während er so zupft, raunt er mir ansatzlos zu: ›Sag' mal, willst du'n Golf koofen. Grün und wenig Kilometer?‹ Dit war der völlige Wahnsinn.«

Am Hafen essen wir Fischbrötchen, Lipperts Frisur weht davon, und er bekommt Lust auf eine Hafenrundfahrt. Er hat, gesteht er mir, noch keine richtige Lust, nach Hause zu fahren, weil seine Frau irgendein Konzert in Cottbus gibt. Hafenrundfahrt allein macht auch keinen Spaß. Also schaukeln wir an haushohen Schiffen vorbei, lachen über die Sprüche des Käpt'ns, und Lippi berichtet, daß er Häfen liebt, weil sie so was Sentimentales hätten. Er sei hier schon dutzendmal durchgeschippert. Später auf der Landungsbrücke spielt er mir die beiden Theaterstücke vor, die er für die Kinder im Pionierpark Wuhlheide geschrieben hat. Mir klappern schon die Zähne vor Kälte, aber er kann einfach nicht aufhören. Er tanzt wie Rumpelstilzchen um die Bank. Ich kann mir vorstellen, daß ihn die Kinder lieben. Vielleicht sind die Unterschiede zwischen dem Samstagabend-Show-Zuschauer und einem Schulkind ja gar nicht so groß. Es wäre Lippert zu wünschen.

Vom Autotelefon aus macht er noch einen Abendtermin mit Krap (»hieß der jetzt Dieter?«), den er plötzlich für eine »erfahrene Kanalratte« hält. Krap kommt mit seiner Harley Davidson vors Interconti gefahren. Während Lippert wie ein Kind auf dem schweren Motorrad herumturnt und auf verschiedene Knöpfe drückt, frage ich Krap, wie ihm denn Lippert gestern abend gefallen habe. »Nicht schlecht«, antwortet der alte Fuchs. »Nur die Brille ist ein Problem. Sobald er im Profil zu sehen ist, sind die Augen weg.«

Als ich Lippert zwei Wochen später in ZAK sehe, hat er eine neue Brille auf. So eine randlose, eckige. Ich weiß nicht, ob er sich damit wohl fühlt.

Zusammen 305 Kilo

Den *Herzbuben* Wilfried Gliem und
Wolfgang Schwalm darf jeder auf den
Bauch fassen, der Lust dazu hat,
denn die beiden sind Scherzartikel

Es war Anfang Dezember. Draußen regnete es. Da sagte
die Rundfunkreporterin von *Radio Sachsen-Anhalt* zu
Herzbube Wilfried:»Heute ist Weihnachten.« Und es ward
Weihnachten. Genauer gesagt, wurde aus einem verreg-
neten Spätherbstabend der erste Weihnachtsfeiertag, denn
die Rundfunkreporterin fragte Herzbube Wilfried nun:
»Was hat Herzbube Wilfried denn gestern, am Heiligen
Abend gemacht?«
»Ach, das war schön. Besinnlich. Die Kinder und Enkel-
kinder waren zu Besuch bei uns. Wir haben Geschichten
erzählt und gesungen.«»Was für Lieder?« fragte die Rundfunkreporterin.»Stille Nacht, natürlich«, antwortete Herzbube Wilfried.»Und viele andere Weihnachtslieder.«»Was
gab es denn zu essen? Eine traditionelle Speise?« bohrte
die Rundfunkreporterin weiter.»Nein, nein. Es gab einen
großen Topf Gulasch«, erinnerte sich Herzbube Wilfried
und schaute so treu dabei, als habe er noch ein paar
Fleischreste zwischen den Zähnen.
   Die Rundfunkreporterin bedankte sich, schaltete ihr Ton-
bandgerät ab, und es war wieder Anfang Dezember. Herzbube Wilfried und Herzbube Wolfgang zogen sich ihre
roten Westen an, um Silvester zu feiern. Draußen auf dem
Gang lagen bunte Papierschlangen und Konfettischnipsel.

Es gibt kaum eine bessere Gelegenheit, die Verlogenheit
und Künstlichkeit der Fernsehunterhaltung zu überprü-
fen, als sich die Aufzeichnung einer Silvestershow anzu-
schauen. Da sitzen festlich gekleidete Menschen an einem
beliebigen Tag des Jahres, nur eben nicht am 31. Dezember, in einem Fernsehstudio und tun so, als feierten sie

Silvester. Auf der Bühne toben ausgelassene Unterhaltungskünstler der zweiten Garnitur. Es gibt einen Mann, der alle zwei Minuten eine Konfettikanone abfeuert, ein Moderatorenpärchen in Abendrobe, das schlechte Witze reißt, ein Ballett, leicht bekleidete Kellnerinnen und jede Menge wichtige Fernsehleute, die das Ganze je nach Situation aufgeregt bis verächtlich verfolgen. So war es jedenfalls, als der MDR Anfang Dezember in Berlin-Adlershof seine Silvestershow aufzeichnete.

»Wir geben heut' das Letzte« heißt sie. Und der Name ist irgendwie Programm. Zu den mitwirkenden Künstlern zählten unter anderem GiGi Anderson, Gunther Emmerlich, Tony Christie, das Rock-'n'-Roll-Orchester, eine Sängerin namens Simone, ein gewisser Herr Quirlitz, der unter Ablaufpunkt 42 mit Titel »Joe-Cocker-Parodie« auftaucht, und die *Wildecker Herzbuben.* Programmpunkt 24. Titel: »Wir werden alle hundert«.

Wilfried Gliem und Wolfgang Schwalm sind für zwei Tage nach Berlin gekommen, um dieses eine Lied aufzuzeichnen. So sitzen sie in ihrer Umkleidekabine und schweigen. Und warten. »Wir sind gern in Berlin«, sagt Wilfried Gliem. »Das Berliner Publikum hat eine ganz besondere Herzlichkeit.« »Das hast du gut gesagt«, wirft Wolfgang Schwalm ein. Schwingt da eine leise Ironie? Nein, wohl nicht. Sie ruhen wieder. Kein Zucken in den Mundwinkeln, kein spöttischer Blick. Die *Wildecker Herzbuben* sind so freundlich wie ihre Lieder, die »Am schönsten ist es daheim« heißen, »So wunder-, wunderschön«, »Das tut gut« und immer wieder aus den Versatzstücken »Glück«, »Heimat«, »ohne Sorgen«, »Schatz« und gelegentlich einem »kleinen Gläsle Wein« zusammengebastelt sind. Das Berliner Publikum ist so herzlich wie das Dresdner und das in Wuppertal. Die Kollegen sind nett. Das Leben ist schön. Wunder-, wunderschön.

Der Ablaufplan gerät etwas ins Stocken, das Publikum ist noch nicht so hemmungslos, wie es sein sollte, die Mädchen vom Ballett flattern über den langen, neonhellen Flur vorm Studio, Petra Zieger zuppelt an ihrem schwarzen Umhang, Nicole fährt sich nervös durch die Frisur,

Emmerlich guckt Fußball. Die *Wildecker Herzbuben* hocken sich in riesigen Unterhemden stoisch gegenüber. Ihre weißen Herzbuben-Hemden, die roten Westen, die Herzbuben-Knickebocker und Herzbuben-Kniestrümpfe warten. Wolfgang Schwalm raucht. Wilfried Gliem ißt sukzessive eine große Keks-Blechbüchse leer. Irgendwann sagt er:»Fernsehen macht auch Spaß, weil dich auf einen Schlag Millionen Menschen sehen, aber Spaß macht's keinen.« Was für ein Satz.

Zwanzig Jahre lang spielten die beiden Hessen in verschiedenen Volksmusikkapellen, die letzte Zeit in der Begleitband des Schlagersängers GiGi Anderson. Bis 1989 ein Interpret für den Titel »Herzilein« gesucht wurde. Keiner wollte Ihn. Nicht Peter Alexander, nicht das *Naabtal-Duo,* nicht mal Gottlieb Wendehals. Selbst GiGi Anderson war er zu blöd. »Das machen die beiden Dicken aus meiner Band«, beschloß er. Die Dicken machten es. Und es knallte.

»Herzilein« wurde zum vielleicht erfolgreichsten Volksmusiktitel der Nachkriegszeit. Die Platte tummelte sich ein Jahr lang mit Elton John und David Hasselhoff in den Charts und erhielt zweimal Platin. Wilfried Gliem und Wolfgang Schwalm wurden Millionäre. Vor allem aber wurden sie zu einem Markenprodukt. Wie Klementine, Flipper oder Onkel Dagobert.

»Wir haben ja damals überlegt, wie wir uns nennen sollen«, erinnert sich Wilfried Gliem. »Pfundskerle ist uns eingefallen. Aber das ging ja nicht, weil wir ja eigentlich keine Pfundskerle sind. Da haben wir uns dann ›Wildecker Herzbuben‹ genannt.« Zum nächsten Fasching habe es in ganz Deutschland keinen roten Stoff mehr gegeben, sagen sie, weil sich so viele Leute als Wildecker Herzbuben verkleiden wollten. Inzwischen tingeln im volkstümlichen Bereich unzählige Duos mit roten Westen als Herzbuben-Kopie durch die Bierzelte, und die Plattenfirma druckte auf die »Herzilein«-CD den Zusatz: »Das Original«.

Die beiden Sänger werden inzwischen aus rein optischen Erwägungen für alle möglichen Fernsehshows beordert, in denen es um gute Laune geht. Allein Silvester werden sie dreimal auftreten. Zweimal im MDR, einmal auf SAT.1.

In Zeitungsberichten steht als Zusatzinformation immer ihr Gewicht hinterm Namen, manchmal auch das Gesamtgewicht. »Die Wildecker Herzbuben, zusammen 305 Kilo.« Als seien sie Zuchtbullen. Jeder Reporter duzt sie, wildfremde Menschen betasten ihre Bäuche, auf dem Cover ihrer Platten tauchen nicht einmal ihre richtigen Namen auf, und in Interviews sprechen sie von sich selbst als »Herzbube Wilfried« und »Herzbube Wolfgang«. Sie sind zu guter Laune verdammt. Scherzartikel. Und wenn sie nicht ihre roten Westen anhaben, die albernen Hüte und Kniestrümpfe, will sie auch niemand haben. Sie sollten die Klamotten verbrennen. Wahrscheinlich ist es zu spät.

GiGi Anderson, Programmpunkt Nummer 3, hat seinen Auftritt hinter sich und kehrt ausgelassen mit seinem Manager zurück in die Garderobe, wo die Herzbuben mit einer Dame von ihrer Plattenfirma warten. Der Manager erzählt einen schweinischen Witz, bei dem es um einen onanierenden Vogel geht. GiGi Anderson, der eigentlich Gerd Grabowski heißt, fragt, ob das Gegenteil von open air bekannt sei. »Unten sie.« Diese Volksmusikanten! Und weil alle lachen, selbst die Frau von der Plattenfirma, fühlt sich der schweigsame Herzbube Wolfgang nun auch bemüßigt, etwas beizusteuern. »Bei einer jungen Frau heißt es Vaginchen, wie nennt man es bei einer alten Frau?« Betretenes Schweigen. Schluß jetzt Wolfgang! Doch Herzbube Wolfgang will jetzt auch mal unanständig sein. »Waggon«, prustet er. »Oho«, ruft Gerd Grabowski. Und die Frau von der Plattenfirma droht kokett mit dem Zeigefinger. Sie schaut Wolfgang Schwalm dabei an, wie man ein Kind anschaut, das einen Witz nacherzählt, den es gar nicht versteht.

Im Kostüm wäre das nicht passiert. Später auf dem Flur, gepudert und mit Hut, funktionieren die Herzbuben wieder einwandfrei. Ein Fernsehteam will wissen, was sie zu Weihnachten machen, was sie essen und was sie als Kind geschenkt bekamen. Die Reporterin von *Radio Sachsen-Anhalt* braucht noch schnell einen Neujahrsgruß an die Hörer von *Radio Sachsen-Anhalt*. Und dann noch einen für die Hörer von *Antenne Brandenburg*.

Weihnachten, Silvester, Neujahr. Das Leben ist schön. Und gleich. Wahrscheinlich könnten die beiden auch jetzt schon sagen, was sie im Jahr 2004 am Ostersonntag zum Mittag aßen.

Ein Mann von einem Berliner Karnevalsverein schlägt Wilfried Gliem allein deshalb so vertraut auf die Schulter, »weil ich zum Fasching auch immer als Herzbube gehe«. Herzbube Wilfried lächelt verbindlich.

Dann endlich ist Auftritt. In Position 23 kündigt Moderator Dieter Krebs die beiden mit einem albernen Scherz an: »Euch kenn ich, ihr seid doch Hauff-Henkler.« Als könne man sie verwechseln. Position 34: »Das Leben ist schön, weil wir uns verstehen ... Ich hab dich lieb, du hast mich lieb ...« Die Gäste sind warm. Sie schunkeln. Die *Wildecker Herzbuben* wiegen vergnügt ihre Körper. Wie zwei Gartenzwerge. Unmittelbar hinter ihnen explodiert die Konfettikanone. Doch die Herzbuben zucken nicht mal mit der Wimper.

Wer sollte auch auf sie schießen.

Du mußt kein Schwein sein

Sebastian Krumbiegel von den *Prinzen*
zitiert Freddy Mercury, kauft Immobilien
und wählt die PDS

Der Rauch des Hochzeitsfestes klebt noch im Zimmer. Die
Braut schläft. Im Fernsehen kämpft der rosarote Panther
gegen Inspektor Clouseau. Und beide gegen die Sonnen-
strahlen, die durch große Mansardenfenster in den Raum
fallen. Auf dem Flügel glitzern Schnapsflaschen. Eine ist
mit dem uralten Scotch gefüllt, in den er gestern nacht
seinen Zeigefinger tauchte und dann anzündete, um die
Qualität des Stoffes zu demonstrieren. Der Finger brannte.
Doch an Whisky kann er jetzt nicht denken, nicht mal an
guten. Jetzt, da die Leipziger Mittagssonne nach nur fünf
Stunden Schlaf seine Augen quält, die noch Froschaugen
sind. Keine Prinzenaugen. Er setzt die Sonnenbrille dagegen, die er zu Ostern in London kaufte.
Er ist ein Popstar. Heißt es.
Die Gläser stehen bereits in der Spülmaschine. Die
Aschenbecher sind geleert, Käse- und Kaviarreste lagern
ordnungsgemäß im Kühlschrank, die leeren Bierflaschen
stehen wieder in den Kästen. Er hat keine Hausangestell-
ten. Und im Wohnzimmer wird sonst nicht geraucht. Er
ist jetzt verheiratet.
Er ist ein bürgerlicher Typ. Sagt er.
In meiner Tasche lästern die Kopien aus unserem Zei-
tungsarchiv. Pumuckl, bekennender Leipziger, Shooting-
star, Naivling, Vorzeige-Ossi, Jammer-Ossi, Villenbesitzer,
Teenie-Idol, Eintagsfliege, Witzbold, Konservenprodukt.
Millionär. Gepuscht von der Hamburger Produzentin Anet-
te Humpe, geliebt von Kindern, Omis und sonst niemandem.
Das ist er. Berichten die Klischees.
Die Post, die an diesem Sonnabendmittag kommt, gibt

auch noch ihr Urteil ab. Ein Brief von der Commerzbank, ein Paketzettel von der Plattenfirma und seine Tageszeitung. Die *junge Welt*.

Alles nicht so einfach. Erzählt die Post.

Die goldenen Schallplatten an der Wand lachen mich aus, die Bücherregale, in denen Zola, Chandler, Goldt und Simonow neben den »Mosaik«-Sammelbänden stehen, warnen vor vorschnellen Urteilen, und das weiße Käfer-Cabrio unten vor der Tür erzählt wieder eine ganz andere Geschichte. Welche auch immer. Und wie um Himmels willen ist ein Mensch einzuschätzen, der ein T-Shirt trägt, auf dem steht: »Sumsen ist buper«?

Vergessen wir das.

Sebastian Krumbiegel ist 28 Jahre alt. Er wurde in Leipzig geboren und wuchs dort in wohlbehüteten Verhältnissen auf. Sein Vater ist Chemiker, seine Mutter leitet das Bach-Museum, seine Oma war eine ziemlich bekannte Opernsängerin. Zu Weihnachten sang die Familie, zu der noch zwei weitere musikalische Kinder gehörten, in der alten Gohliser Villa, wo sie zur Miete wohnten, und mit sieben Jahren trat Sebastian Krumbiegel dem berühmten Thomanerchor bei. Er besuchte den Religionsunterricht, die Pionierveranstaltungen und mit zehn Jahren das erste Mal Japan, wo ihn vor allem die vielen Matchboxautos in den Spielzeugläden beeindruckten. Er lernte Trompete, Klavier und Schlagzeug spielen, er türmte gelegentlich aus dem Thomaner-Internat und sammelte *Queen*-Platten.

Später gründete er mit ein paar Freunden aus dem Chor die *Herzbuben*, die vergleichsweise erfolglos über die Wendezeit dümpelten, bis sie zu den *Prinzen* wurden. Es machte peng. Sie verkauften Millionen Platten, sie füllten mehrmals hintereinander die Deutschlandhalle, sie gewannen Preise, goldene und Platin-CDs, sie wurden die erfolgreichste deutsche Popband. Ein Ende ist nicht abzusehen. Gestern, pünktlich zum Hochzeitsfest, traf ein Fax von der Plattenfirma ein: »Wir haben GOLD für die ›Schweine‹-CD mit der Auslieferung.«

Das alles führte dazu, daß es neben Sebastian Krumbiegel jetzt auch den *Prinzen* Sebastian gibt.

Prinz Sebastian ist der dicke Prinz mit den abstehenden roten Haaren, der immer so lustig ist. Dann gibt's noch den blonden, der immer lustig ist, den mit Baseballmütze, dann den, der jetzt mit der Frau von Matthias Liebers zusammen ist, und den schönen Prinzen. Wenn man sich's richtig überlegt, sind sie alle lustig. Eigentlich hat Sebastian Krumbiegel auch keine roten Haare mehr. Macht aber nichts. Er ist Prinz Sebastian. Und der hat rote Haare. Der ist auch dann noch lustig, wenn er weint.

Prinzen sind auch unzertrennlich. »Wir haben uns mal vorgenommen, daß wir in den Medien, also auch bei Interviews, immer nur zusammen auftreten. Damit kein Keil zwischen uns getrieben wird«, erklärt Krumbiegel. Das hat so gut funktioniert, daß es inzwischen schwierig ist, die anderen vier zu vergessen, wenn man mit einem spricht. Sie kleben im Raum wie der kalte Zigarettenrauch der letzten Nacht. Wie die roten Haare an Krumbiegels Kopf. Und wenn er sagt, »das Musketierding ist eigentlich vorbei«, singen die anderen vier den Chor.

Vielleicht verletzt Krumbiegel das Unternehmensprinzip, weil man sich auf die Nerven geht, wenn man wochenlang zusammen im Studio hockt, vielleicht, weil er, wie er sagt, »ein großes wandelndes ICH« ist, vielleicht aber auch, weil er eine Kunstfigur zerschlagen will. Das heißt, zerschlagen will er sie nicht, nur beschädigen. Ein bißchen jedenfalls. »Ich weiß ja nicht, wie lange es die *Prinzen* als Band noch gibt«, sagt er, nachdem er über künstlerische Differenzen geredet hat. Und nach einer Pause. »Ich hoffe sehr, sehr, sehr, sehr lange.« Er hat wirklich viermal »sehr« gesagt.

Natürlich hat die Figur längst ein Eigenleben. Alles, was Sebastian Krumbiegel tut, wird am Prinzen Sebastian gemessen. Beim Autokauf muß berücksichtigt werden, daß es mal ein Lied gab, in dem »jeder Popel einen Opel« fuhr. Das würde ja noch angehen, wenn es nicht auch hieße »jeder Dödel Jaguar«. Lebt er noch in Leipzig, heißt es »wie kokett«, würde er wegziehen, hieße es »wie größenwahnsinnig«. Singen sie Lieder übers Fahrradfahren, schreibt der Kritiker »wie kindisch«, singen sie Lieder über Umweltverschmutzung oder Rechtsradikale, sagt der Kritiker »singt lieber Kinderlieder«.

Kinderstars rauchen keine Joints. *Bravo*-Helden heiraten nicht. Rocker ziehen nicht in Maisonnette-Wohnungen. Ostler haben keine Westfans. Wer auf *VIVA* rauf- und runtergespielt wird, erinnert nicht an die sozialen Ungerechtigkeiten nach der Wende. Alles ist deutbar. Der Whisky, die Spülmaschine, Simonow im Bücherregal und die *junge Welt* am Frühstückstisch.

Sebastian Krumbiegel kümmert das alles, und es kümmert ihn nicht. Er ist noch weich. Er ist ein kleiner Junge, der sich Eigentumswohnungen kauft, um Steuern zu sparen. Er ist ein alter Mann, der sich manchmal wünscht, »daß es ist wie früher«. Er ist ein bürgerlicher Popstar. Er ist ein Unternehmer, der PDS wählt, aber nur hoffen kann, daß sie nie gewinnt. Er kämpft gegen die Klischees, indem er sich mit ihnen arrangiert.

Es hat ihn angekotzt, immer wieder auf die Bigotterie der Liedzeile »Ich wär so gerne Millionär« angesprochen zu werden. Auf der neuen Platte gibt es von ihm den Titel »Geld ist schön«. Weil er das aber auch nicht so absolut stehenlassen konnte, hat er in Klammern für seine Fans dahintergeschrieben »danke«. Damit kann man leben.

Genau wie er mit seinem weißen Käfer-Cabrio weiterleben könnte. Wenn es nur zwei Airbags und ABS hätte. »Ich will doch nur, daß mich alle lieben«, sagt Krumbiegel. Und weil er so ist, wie er ist, versucht er das zu realisieren, obwohl er weiß, daß es nicht geht. Er schreibt Geld-ist-schön-Rechtfertigungssongs, aber auch Lieder voller seltsamer Sehnsucht nach Liebe. Er sagt Sachen wie: »Das einzige Kriterium der Popmusik ist, wie viele Platten du verkaufst, der Rest ist Geschmackssache«, um Leute zu überzeugen, die die *Prinzen*-Lieder nicht mögen. Und wenn sie es immer noch nicht glauben, haut er ihnen noch sein Lieblingszitat von Freddy Mercury um die Ohren:

»Alles was zählt, ist die Nummer eins zu sein.« Er kaufte die Villa in Gohlis, wo er groß geworden ist, renovierte sie und läßt seine Eltern, seine Oma und die anderen Ureinwohner dort zu einer günstigen Miete wohnen.

Er hat keinen Haß auf die DDR, er hat keinen auf die BRD, und er ist zu der Erkenntnis gekommen, »daß man in jedem System manchen Leuten in den Arsch kriechen muß«.

Und wenn er die ganze ernsthafte Rechtfertigungsscheiße richtig satt hat, oder wenn er gar keine Antworten mehr weiß, flüchtet er auch im Zivilgespräch in die *Prinzen*-Rolle, in der man alles sagen darf. Dann rollt er die Augen, hebt königlich die rechte Hand und sagt mit tiefer, feierlicher Stimme: »Natürlich darf man das gemeine Volk nie aus den Augen lassen.« Er mag das. Er könnte sich auch vorstellen, mit Federboa am Hals die große Showtreppe hinabzuschreiten. Vielleicht liegt das daran, daß er sich früher viel in Kirchen rumtreiben mußte, vielleicht daran, daß er mit Udo Lindenberg befreundet ist. Vielleicht aber auch daran, daß er *Queen* so abgöttisch liebt.

»Ich weiß, daß es total vermessen ist. Aber mit *Queen* würde ich die *Prinzen* am liebsten vergleichen«, sagt der kleine Junge Sebastian, von dem alles Königliche abgefallen ist. Er ist wieder raus aus der Rolle.

Im Gegensatz zu Udo Lindenberg kommt Krumbiegel von seinen Kurzausflügen in die Phantasiewelt immer wieder in der Wirklichkeit an.

»Es ist ja tatsächlich ein schizophrener Job, den ich da mache. Und manchmal, wenn ich von einer Tour nach Hause komme, denke ich zuerst wirklich, ich bin der Papst. Aber das gibt sich dann relativ schnell.« Das liegt an seiner überaus bodenständigen und allürenfreien Frau. Das liegt an Leipzig. Das liegt daran, daß er es nicht besonders toll findet, sich mit Mütze und Sonnenbrille zu tarnen, bevor er das Haus verläßt. Und es liegt daran, daß er ein umwerfend netter Kerl ist.

Was sagt uns also die Picasso-Lithographie da an der Wohnzimmerwand über ihren Besitzer Sebastian Krumbiegel? Ein Schöngeist? »Das ist praktisch 'ne Garage. Also das Ding war so teuer wie 'ne Garage. Ich freue mich jeden Tag, daß ich das habe. Ich find' das kultisch. Einen Picasso.« Was soll man von einem jungen Menschen halten, der Schachteln und Dosen sammelt, die viel zu klein sind, um irgend etwas darin zu verstauen? Ein Schwachkopf? »Ich find' so kleine Dosen einfach schön«, sagt er träumerisch. Wie ist ein gesamtdeutscher Popstar zu bewerten, der sich halbtot freut, daß ihm seine Oma ihren DDR-Nationalpreis von 1959, eigenhändig unterschrieben von Wilhelm Pieck, zur Hochzeit schenkt? Ein Nostalgiker? »Ich war in der Schule immer wahnsinnig stolz auf meine Oma. Ich hab' überall rumerzählt, daß sie Nationalbriefträgerin ist.«

Später, als seine Augen immer noch keine Prinzenaugen sind, aber auch keine Froschaugen mehr, sondern irgendwie dazwischenliegen, zeigt er uns noch die Villa, die er gekauft hat. Es ist ein Riesending, mit einem Garten davor, in dem sein Vater steht. In Turnhosen und Unterhemd. Vielleicht erzählt er ihm später noch, daß er gestern nacht erfahren hat, daß die neue Platte bereits vergoldet ist, bevor sie in die Läden kommt. Im Augenblick hört er geduldig zu, wie sich sein Vater ärgert, daß ihm für die Beetbegrenzung blöderweise ein Stein fehlt. So ein schwarzer Schlackestein.

Mühsame Schritte zum Regenbogen

Der ehemalige RIAS-Star-Diskjockey
Lord Knud verlor Bein, Geld, Freunde,
Job, Publikum – und macht weiter

Eines nachts, kurz nachdem die Mauer gefallen war, saß
Lord Knud besoffen in seinem Wohnzimmer und blickte in
sein Whiskyglas. Vielleicht, niemand weiß das so genau
und er selbst am wenigsten, sah er in diesem Moment zwischen den schmelzenden Eiswürfeln sein Leben vorbei-
schwimmen. Schamoni, Weizsäcker und die Lords, lang-
beinige Models, Ossis und Adlige, Intendanten und Fans
tanzten ausgelassen in »Jack Daniels«. Und er saß wieder
mal draußen, trunken und allein. Lord Knud warf das Glas
wütend an die Wand.

Am nächsten Morgen sah er den bläßlichbraunen Fleck
auf der Tapete. Lord Knud bastelte eine Collage aus alten
Zeitungsausschnitten, die seine Mutter in all den Jahren
über ihn gesammelt hatte, und rahmte das Werk ein.
Damit hing er den Fleck zu.

Mitten im feinsten Zehlendorf, dort, wo die Quadratme-
terpreise nicht mehr zu bezahlen sind, zwischen dichten
Hecken, gepflegtem Rasen und zurückhaltenden Menschen,
steht ein plattgedrücktes weißes Häuschen mit einem riesigen Fenster, in dem ein elektrischer Regenbogen leuchtet.
Vor dem Bungalow steht ein hoher Fahnenmast, an dem
die amerikanische Flagge baumelt, die manchmal nachts
von Scheinwerfern angestrahlt wird. Den Zaun, der das
Grundstück einst umgab, hat der Hausherr abgerissen, als
Deutschland wiedervereinigt wurde. Im Vorgarten wächst
eine Haschischpflanze, und es gibt einen eingelassenen
Betonsockel, auf dem eigentlich ein dreieinhalb Meter
hohes Lenin-Denkmal aus Minsk aufgestellt werden sollte,
was die Nachbarschaft in letzter Minute verhinderte. In

der Garage steht ein Motorrad mit drei dicken Ballonreifen, das aussieht, als sei es von einem phantasievollen Kind konstruiert worden. Manchmal hämmern mitten in der Nacht Techno-Beats aus den großen Fenstern. Und gelegentlich entläßt der Hausherr einen wilden Schrei in die unbezahlbare Zehlendorfer Ruhe.

Hier wohnt Lord Knud. Der Einbeinige. Der Ultrarechte. Der Frontmann. Der berühmteste Berliner Radio-DJ der 70erJahre. Der Abgestürzte. Der Freak.

»Die wollen mich natürlich am liebsten raushaben«, sagt er. »Neulich hat sich wieder 'ne Nachbarin über den Krach beschwert. Der habe ich erzählt, daß ein paar russische Familien Interesse an dem Grundstiick hätten. Die wollen hier ein Appartmenthaus bauen und fünfzehn Kinder haben sie auch, hab' ich ihr gesagt. Seitdem ist sie friedlich.«

Leider ist die Verfügungsgewalt des Lords über das Anwesen begrenzt. Es gehört ihm nicht mehr. Er mußte verkaufen, um seine Schulden zu begleichen, seitdem wohnt er hier für eine gnädige Monatsmiete. Das Bad ist aus Marmor, doch der Kühlschrank seit drei Jahren abgeschaltet, weil nichts zu essen da ist. Manchmal hat der Lord mitten in dieser Luxusgegend neun, zehn Tage gehungert und dann einen Bekannten um Nahrung angebettelt. Gelegentlich bringt jemand von allein Kuchen und Apfelsinen vorbei. Der Lord raucht nur noch gelegentlich und trinkt keinen Alkohol mehr. Wenn er weggeht, trägt er die feinen, teuren Anzüge aus vergangenen Jetset-Zeiten.

»Ich brauche nichts. Ich habe darauf hingearbeitet, nichts zu besitzen. Ich bin stolz drauf«, sagt er. »Das macht den Kopf frei.«

Lord Knud hinkt mit schnellen Schritten über den Parkettfußboden seines wunderschönen hellen Wohnzimmers. Auch zum Hintergarten gibt es eine riesige Fensterscheibe. Man denkt, man sitzt im Freien. Zusammen mit den vielen alten Platten, die er in »Schlager der Woche« abspielte, dem Klavier, an dem Udo Jürgens einst »Aber bitte mit Sahne« komponierte, und der Radiomaschine »Lili Marleen«, die er sich von der Lebensversicherungsprämie kaufte, die seine Eltern für ihn abschlossen, nachdem er sein Bein verloren hatte. »Lili Marleen«, seine Geliebte, mit der er die Nächte verbringt. Lord Knud zappelt ruhelos durch diese Heimat zwischen Studiouhr in einem Fenster und elektrischem Regenbogen im andern und zitiert aus seinem Leben. Wahllos fetzt er Anekdoten aus seiner Biographie. Man muß sie aufschnappen, ablegen und auf Teile warten, die in die Lücken passen. Wie bei einem Puzzle. Selbst wenn man ihm sechs, sieben Stunden zuhört, bleiben Stellen, die er nicht füllen will oder kann. Was bleibt, ist der Eindruck einer wilden Berg- und Talfahrt mit viel Champagner und vielen falschen Freunden.

Wenn ich ihn richtig verstanden habe, lief es so: Als Lord Knud noch Knud Kuntze hieß, verkaufte er im Laden seiner Eltern Schuhe. Er fing bei den *Lords*, die Anfang der 60er Jahre ziemlich populär waren, als Baßgitarrist an. Wenn er mal 2 000 Mark auf die Hand bekam, hatte er am nächsten Tag 5 000 Mark Schulden. Nach einer Mugge baute der Fahrer des Bandbusses besoffen einen Unfall, Lord Knud wurde so schwer verletzt, daß ihm ein Bein amputiert werden mußte. Er war zwanzig, er war nicht versichert, die *Lords* ließen ihren Baßmann fallen. Er begann als Diskjockey zu arbeiten, ging zum RIAS, lernte bei Hans Rosenthal Radiomachen, moderierte die berühmte Sonnabendvormittags-Sendung »Evergreens are go-go«, in der er Zehntausende Witze erzählte, und später die nicht weniger bekannte Hitparade »Schlager der Woche«. Er machte Platten. Er erfand den Slogan: »Schau in den Regenbogen!« Der Regenbogen wurde zu seinem Symbol.

Und es lief so: Lord Knud moderierte Wahlkampfpartys für die CDU. Er puschte Lummer, Weizsäcker und Landowsky. Diepgen und Rexrodt gingen bei ihm ein und aus. In seinem Garten feierte er stadtbekannte rauschende Feste mit weißen Pferden, Stars und Luftballons. Er wetterte auf den Osten und stieg in den internationalen Jetset auf. Hochzeiten in Stockholm, Partys in London, Modenschauen in New York, Geburtstage in St. Tropez. Wenn Udo Jürgens in Berlin war, schlief er immer bei Lord Knud.

Die Gags für seine Radiosendungen schrieben ihm andere, zuletzt der Kabarettist Wolfgang Neuss. Auch diesen: »Ich hab' nichts gegen die Frauenbewegung. Solange sie rhythmisch ist.« Das war sein vorläufiges Ende als Radiomoderator. Man erzählte ihm hinter vorgehaltener Hand, Richard von Weizsäcker persönlich habe seine Entlassung vom Frontstadt-Sender *RIAS Berlin* gefordert. Er selbst glaubt eher, daß Marianne von Weizsäcker dahintersteckte.

Und dann lief es so: Unter Lord Knud tat sich ein riesiges schwarzes Loch auf. Zunächst hatte er mit Schamoni das Konzept für den privaten Radiosender *Hundert, 6* ausgeknobelt. Die Idee für das Sendersignet stammte von ihm. »Nimm den Frosch«, hatte er Schamoni geraten. Doch als *Hundert, 6* lief, war Lord Knud raus aus dem Spiel. In derJournalistenszene erzählte man, er sei drogensüchtig. Er hatte immer Schulden gehabt, aber jetzt merkte er es auch. Er verkaufte seinen Mercedes und das Haus. Sein Gesundheitszustand verschlechterte sich. Zwei Jahre lang konnte er nicht laufen.

Die Hilferufe an seine ehemaligen Freunde in Wirtschaft und Politik brachten nicht viel. Eberhard Diepgen, den er um Geld für einen elektrischen Rollstuhl gebeten hatte, schickte ein Buch über einen Rundfunkpionier. Der Referent des Bundespräsidenten schrieb: »An dem Gerücht, Herrn von Weizsäcker hätten bestimmte Witze von Ihnen nicht gefallen, ist nichts wahr. Herr von Weizsäcker hat mich gebeten, Sie ausdrücklich und herzlich von ihm zu grüßen.«

Nur Udo Jürgens half. Er kaufte ihm eine neue Prothese, eine Spezialanfertigung mit eingebautem DAT-Recorder und einem Messingschild: »Auch der mühsame Schritt führt zum Regenbogen.«

So war es. Wenn ich alles richtig verstanden habe.

Zwischen die Erinnerungsfetzen streut Lord Knud fahrig Zeugnisse jüngeren Schaffens. Er macht ja was. Er führt seine abgefahrene Brillenkollektion vor. Er präsentiert die Finessen seiner mobilen Radiostation, spielt DAT-Bänder ab, auf denen er in langen Nächten Politikerzitate mit Techno- und alten Rock-'n'-Roll-Nummern zu einem eigenartigen Brei mischte, rezitiert Gedichte, von denen er jeden Morgen eines auswendig lernt, und erzählt ununterbrochen Witze, die er nachts in seine Schreibmaschine hämmert. All das soll seine fadenscheinige Theorie belegen, daß Arbeitslosigkeit eigentlich schön ist. Die Wahrheit ist, daß er nächtelang Bänder produziert und Kalauer verfaßt, die kein Mensch hören will. Er macht Radio für sich.

Immerhin stand neulich Rik Delisle vor der Tür und bat: »Komm zurück.« Ein großes Wort für die klitzekleine Presseschau, die Lord Knud ab kommenden Montag jeden Morgen zwischen sieben und acht auf *RS 2* vorlesen wird. Hoffentlich haben sie Geduld mit ihm.

»Wenn du sieben Jahre zu Hause hockst, weißt du irgendwann, wer du bist. Ich habe begriffen, daß nicht ich der Star war, sondern daß die *Beach Boys* und die *Beatles* es waren. Ich hab' ja nur ihre Platten aufgelegt und zwischendurch Witze erzählt, die ich nicht mal selbst geschrieben habe. Schamoni ist doch deswegen so zusammengebrochen, als sie ihn bei *Hundert, 6* und bei *IA* rauskanteten, weil er dachte, er sei der absolute Obermacker. Ich habe meinen ersten Flash schon bei den *Lords* gekriegt. Ich bin übern Berg.« Zum Beweis dreht er mit ausgebreiteten Armen eine Runde durch sein Wohnzimmer, als sei er jederzeit in der Lage, aus Zehlendorf wegzufliegen. Ein hinkender alter Rabe.

Er hebt nicht ab, aber wenigstens klingelt das Telefon. Eine Casting-Agentur will ihn für eine *RTL*-Serie als abgedrehten Chef eines Rundfunksenders testen. »Ja, mach' ich«, sagt Lord Knud hastig. »Ich kann ihnen jeden Typ von Chef spielen. Ich kenn' sie ja alle.« Als er auflegt, glänzen seine Augen. »Ich will die Rolle haben, auch wenn sie noch so klein ist. Ich laß mir sogar die Haare schneiden und zieh' mir einen guten Anzug an.« Inzwischen hat er sie. Er soll um Himmels willen so bleiben, wie er ist, haben sie gesagt.

Am nächsten Nachmittag geht er zu einer Art Generationentreffen in ein Zehlendorfer Restaurant. Alles Leute in seinem Alter. Fünfzigjährige mit jenen gesunden, gebügelten Gesichtern, die einem sagen: Ich hab' es geschafft. Lord Knud hat eine seiner eigenartigen Fliegerbrillen aufgesetzt, seine grauen Haare hängen wirr an seinem zerknautschten Gesicht herunter. Die zurechtgehungerten Damen mustern den Freak spöttisch. Ein paar Männer begrüßen ihn. »Schön, daß du gekommen bist, Knud.« Doch ihre Augen sagen: Armes Schwein. Lord Knud trinkt eine Tasse Kaffee und geht. Er paßt hier nicht her. Er hat mehr Feuer im Arsch als all die schönen Menschen zusammen.

Als er in sein Haus zurückkommt, ist es dunkel geworden. Der Regenbogen im Fenster ist verloschen. Lord Knud sieht ihn erschrocken an. Er klopft an die bunten Glasröhren, ruckelt am Kabel. Der Regenbogen flackert unentschlossen.

Ein kleines deutsches Abenteuer

Erich Böhme ist als Herausgeber der
Berliner Zeitung grandios gescheitert,
aber niemand hat es gemerkt

Ich weiß, es fällt schwer. Aber stellen wir uns vor, wir wären Erich Böhme. Wir kennen Rudolf Augstein und Willy Brandt ziemlich gut, wir haben ein Häuschen in Südfrankreich, eins an der Nordsee und eins in Hamburg, wir haben eine eigene Talkshow, ein paar gute Flaschen Wein im Keller und teure Bilder an der Wand, unsere Schuhe waren nicht billig, wir sprechen lateinisch.

Okay? Gut.

Stellen wir uns weiter vor, daß heute der 2. November 1990 ist. Wir steigen aus einem Taxi, das uns vom Flughafen zum Berliner Verlag gebracht hat. Ost-Berlin scheint scheußlich zu sein, es ist November, und die komische, häßliche Fassade des Hochhauses hier droht uns jeden Moment auf den Kopf zu fallen. Wir denken kurz daran, umzukehren. Aber das paßt nicht zu uns, und außerdem ist das Taxi schon wieder weg. Also suchen wir uns jene der vier Türen, die sich öffnen läßt und betreten mutig die Lobby. Lobby? Lassen wir das.

Die Pförtner sehen aus, als würden sie uns bei einer falschen Bewegung niederschießen. Vor den Fahrstühlen stehen Menschen in Anoraks. Sie tragen Hosen, die offensichtlich asbesthaltig sind und mustern uns mürrisch. Wahrscheinlich, weil ewig kein Fahrstuhl kommt. Im Aufzug bekommen wir einen kleinen, klaustrophobischen Anfall. Es riecht nach Apfelspray, Buletten und Schweiß. Immer noch besser als in der Etage, in der wir aussteigen.

Da riecht es nach Klo. Es muß einen Rohrbruch gegeben haben, denken wir, naiv, wie wir sind. Als wir unser Zimmer sehen, müssen wir ein Schreien unterdrücken. Wir wollen ja niemanden beleidigen.

Wenig später stehen wir das erste Mal vor der Redaktion, deren Herausgeber wir sein wollen. Wollen wir wirklich? Vorn grinsen ein paar Mitarbeiter anbiedernd, der Rest schaut uns an, als seien wir ein Luftpirat, der sich eben den Passagieren vorstellt. Und nun denken wir wirklich: »Ach du Scheiße!«

Nein, halt, wir haben vergessen, wer wir sind. »Mon dieu«, denken wir, oder was immer »Ach du Scheiße« auf lateinisch heißt.

Sollte es so gewesen sein, so würde es ein Mensch, der schon beim Spiegel als »Klimamaschine« bekannt war, der in vier Jahren *Berliner Zeitung* nicht einmal rumbrüllte, jemand, der bei Anreden immer die zweite der dritten Person Plural vorzieht, so würde es also Erich Böhme niemals zugeben. Immerhin gesteht er: »Als ich da am 2. November eingeschlichen bin und das alles sah, die bröckelnde Fassade, die miesen Gänge, die stinkende Latrine, da habe ich schon gedacht: Oh Mensch, worauf hast du dich da eingelassen!«

Böhme ist offen und eitel, er ist kokett. Denn natürlich ist er überzeugt davon, daß ihn nichts umhauen kann. Aber erschrocken war er damals wirklich.

Zweimal habe ich Böhme unsicher erlebt. Fahrig, zappelig irgendwie, strich er da, sonst eine Routinebewegung, die Krawatte überm Bauch glatt, und der gelassene Spott verließ seinen Blick. Einmal passierte das, als er zum Tusch der Showband die Treppe zu Gottschalks Late-Night-Veranstaltung herunterhüpfte und wohl begriff, daß er hier nichts verloren hat. Und dann im November 1990, als er das erste Mal vor den Journalisten der *Berliner Zeitung* stand, die ihn mit mißtrauischen Blicken und aggressiven Fragen empfingen.

Er wußte nicht, warum sie sich nicht freuten, daß er hier stand und nicht etwa Hans-Hermann Tiedje. Sie wußten nicht, daß er das Beste ist, was ihnen passieren konnte. Er wußte nicht, daß sie stolz auf diese dünne, anzeigenfreie Zeitung waren, die sie seit einem Jahr machten. Sie wußten nicht, daß diese Zeitung bald sterben würde, wenn sie nicht schleunigst dicker, teurer und mit Anzeigen gefüllt

Erich Böhme

Ständiger Kolumnist der Berliner Zeitung

wird. Er wußte nicht, warum sie bockten, statt in die Hände zu spucken. Sie wußten nicht, daß er nicht vorhatte, sie rauszuschmeißen, sondern, die Journalisten in ihnen wachküssen« wollte. Er wußte nicht, daß man manche Ostjournalisten nicht wachküssen kann, weil die Journalisten in ihnen nicht schlafen, sondern tot sind. Wenn sie jemals gelebt haben. Sie wußten nicht, wo das Périgord liegt, er wußte nicht, daß ihre Toiletten immer stinken.

Sie wußten nichts voneinander.

Vielleicht hatte Böhme damals schon so eine Ahnung, daß sich daran nichts ändern würde. Vielleicht bekam seine feste Überzeugung, »daß es diesen elenden Scheißgraben zwischen Berlin und Berlin gar nicht gibt«, die ersten Risse. Wenn ja, kämpfte er seine Zweifel nieder. Er hatte eine Mission. »Ich habe doch im Spiegel geschrieben: ›Ich will nicht wiedervereinigt werden.‹ Ich habe mich geirrt. Ich bin dann aufgewacht wie die Sozis aufgewacht sind, als der Brandt plötzlich durch Ostdeutschland marschiert ist. Mein Ost-Einsatz war die *Berliner Zeitung*. Das war mein deutsches Abenteuer.«

Entsprechend unbescheiden sagte Böhme knapp: »Wir machen jetzt eine deutsche Washington Post« und begann sein Ost-Abenteuer.

Er hängte sich ein paar gute Bilder in sein kleines Büro am Alexanderplatz und tat eine Flasche Absolut in den Eisschrank aus dem Kältegerätekombinat. Er holperte in einem 353er Wartburg mit Lenkradschaltung durch die Ost-Berliner Schlaglöcher, mietete sich im Domhotel am Platz der Akademie ein, ließ sich von einer Redakteurin zeigen, wie die Naßzelle einer Ost-Berliner Neubauwohnung aussieht, aß tapfer Kantinenwürstchen aus der dritten Etage, trank Bier in der Kneipe »Zur letzten Instanz« und speiste abends im »Aphrodite« in der Schönhauser Allee. Er las die *Berliner Zeitung*, saß still lauschend in unzähligen Redaktionskonferenzen, befreundete sich mit dem Chefredakteur, und manchmal sah man ihn spätabends fröhlich pfeifend über die Redaktionsflure tanzen.

Am Wochenende schaute er sich in Brandenburg nach einem Haus am See um.

Böhme suchte nie nach den Leichen, die sich im Archiv des Verlagsgebäudes stapelten. Er hörte sich die phantastischen Widerstandsbiographien der Ostler genauso interessiert an wie die Phobien der von ihm eingestellten Westredakteure, die sich von Stasispitzeln umzingelt glaubten. Einfluß auf sein Handeln hatte das nicht. Böhme mag keine Überzeugungstäter, er mag gute Zeitungen.

Geduldig begann er sich Journalisten zu suchen, die die Zeitung dicker, seriöser und ansehnlicher machen sollten. Auf Plakaten und in seiner Talkshow trommelte der Prominente unentwegt für die kleine Zeitung. Kein Foto mehr ohne die *Berliner* unterm Arm. Im Dezember 1990 schrieb er seine erste Betrachtung: »Die Mauer muß weg.« Er beschimpfte Ossis, aber noch mehr die Wessis für deren Mauer in den Köpfen. Ein paar Wochen später rettete er in Hamburg, wo man sich offenbar nicht vorstellen konnte, daß ein Ostler eine ordentliche Zeitung hinbekommt, den Kopf des Chefredakteurs.

Innerhalb kürzester Zeit hatte die »Klimamaschine« die gesamte Redaktion geschlossen hinter sich versammelt. »Das ist die mit dem Böhme«, erklärten die Ostjournalisten von nun an stolz, wenn jemand ihre Zeitung nicht kannte.

Die Zeit verging.

Je länger er suchte, desto weniger gefielen ihm die Häuser in Brandenburg. »Mal fiel der Stuck von der Decke, wenn man eine Tür zuschlug. Und wenn es nicht bröckelte, gab es komplizierte Eigentumsverhältnisse.« Sein schneeweißes, dänisches Haus in Altona dagegen erschien ihm schön und anziehend wie nie. Zwei Jahre war er jetzt in Ost-Berlin. Solange wie er versprochen hatte, zu bleiben. Die Zeitung war dicker geworden, ansehnlicher, hatte Anzeigen und war immer noch die größte Abonnementzeitung Berlins. Er hatte sie zur einzigen deutschen Tageszeitung gemacht, die Ost- und Westmitarbeiter in einem ernstzunehmenden Verhältnis mischte. Böhme hätte ruhigen Gewissens gehen können.

Er blieb.

Und ließ sich damit wirklich auf ein Abenteuer ein. Ein kleines zwar, aber ein Abenteuer. Denn er wußte inzwischen, daß die *Berliner Zeitung* nie die *Washington Post* Deutschlands werden würde. Er wußte, daß es da diesen elenden Scheißgraben zwischen Berlin und Berlin gab, den er nicht schließen konnte. Die Ostler hockten nach wie vor in ihren Plattenbauten, sie wählten PDS, und die »Aphrodite« in der Schönhauser Allee war längst geschlossen. Er wußte, daß sein angekündigter Spagat zwischen Ost- und Westlesern langwierig, wenn nicht unmöglich sein würde. Er wußte, daß es hier nichts mehr zu gewinnen gibt. Böhme blieb trotzdem. Denn mit der *Berliner Zeitung* war zwar kein Lorbeer mehr zu holen, aber er konnte ihr noch helfen.

Und sich selbst natürlich auch. Böhme hat einst als Wirtschaftsredakteur begonnen. Seitdem weiß er: Es muß sich rechnen.

Böhme modifizierte seine Mission. Er hörte auf, den Ost-Onkel zu spielen. In der Tiefgarage des Berliner Verlages parkte sein Daimler, er dinierte in der Paris Bar, seine Talkshow zog ins Interconti um, und manchmal stand er mittags mit einer Tennistasche vorm Aufzug. Er verbrachte nur noch wenig Zeit in der Redaktion, brachte aber den Redaktionsumbau unblutig zu Ende, stellte sich immer wieder mit breitem Kreuz vor die Hamburger Drükkerkolonne und riskierte seinen Kopf für die Plakat- und Kinowerbung.

Nebenbei oder auch in erster Linie puzzelte Böhme den vierjährigen Ost-Einsatz in seine Erfolgsbiographie ein. Wenn die Porträtschreiber und Fernsehteams anrückten, um den großen Talkmaster Erich Böhme abzubilden, trommelte er immer auch, und nicht nur aus Werbezwekken, für die *Berliner Zeitung*. Er trommelt immer noch. Und trommelt und trommelt.

So lange, bis – neben den siebzehn Spiegel-Jahren, die seiner Meinung nach 34 Lebensjahren entsprechen, neben Eintracht Frankfurt, Barschel und Roger Willemsen, neben der drehenden Brille, die er gern mit dem Schwanz eines Dackels vergleicht, neben Augstein, Eitelkeit und Rotwein, kurz vor dem Bahnwärterhäuschen in Südfrankreich – die Zeitung ihren Absatz findet.

Dieser Abschnitt beginnt mit den Worten: »Ich möchte nicht wiedervereinigt werden«, die einst als kleiner Satz in einem Spiegel-Kommentar das Licht der Welt erblickten, dessen Überschrift eigentlich »Die Gelegenheit ist günstig« hieß. Doch mit den Jahren wuchs dieser kleine Satz auf Überschriftgröße an, wurde größer und größer, wurde Motivation, Rechtfertigung und steht nun in dicken Lettern vor einem Lebenskapitel, wenn nicht vor einem ganzen Leben.

Journalistenleben sind kürzer als man denkt. Und ereignisloser.

So hat dann alles seinen Sinn gehabt. Für die *Berliner Zeitung*. Und für ihn. Böhme ist gescheitert. Aber er ist auf seine Art gescheitert. Ohne Hektik, ohne Blut, ohne Tränen. Und so hat es gar keiner gemerkt. Und wenn die *Berliner Zeitung* in 20 Jahren zu unser aller Überraschung doch noch eine deutsche *Washington Post* geworden ist, dann ist Erich Böhme ihr Vater. Sein Büste wird im Foyer stehen, vielleicht mit dem berühmten »Ich möchte nicht wiedervereinigt werden«-Satz im Granitsockel, und die Legende des Herausgebers wird leben. Ein Pionier. Ein deutscher Abenteuerer. Das ist wie mit Helmut Kohl. Böhmes Kanzler.

Stellen wir uns ein letztes Mal vor, wir wären Erich Böhme. Es ist 1995, wir sind ein bißchen älter, inzwischen haben wir Fernsehpreise. Die Einschaltquoten stimmen, die Auflage unserer Zeitung, die wir im Begriff sind zu verlassen, ist in Ordnung, die komische Fassade vorm Verlagsgebäude ist weg, die meisten Kollegen tragen ordentliche Hosen, und im Foyer hängen Gemälde.

Wir sitzen in der Abschiedsgala, die uns zu Ehren im Wintergarten-Varieté stattfindet. Wir lehnen uns zufrieden zurück.

Vorn auf der Bühne spricht gerade der Vorstandsvorsitzende unseres Medienkonzerns. Er lobt uns. Das war ja klar, wieso aber spricht er nur von unserem Leben Südfrankreich? Er sollte von Berlin reden, von der Zeitung, die wir verlassen. »Einer seiner größten Verdienste war es, dem Chefredakteur beigebracht zu haben, welchen Wein man zur Gänseleber trinkt«, plaudert der Vorstandsvorsitzende. Was redet er da? Spinnt er? Ist es das, was wir eingebracht haben? Wo sind überhaupt die Journalisten? Wir schauen uns nach bekannten Gesichtern aus der Redaktion um. Politiker umgeben uns, Verleger, Anzeigenkunden. Lauter gebügelte Gesichter. Die Kollegen der *Berliner Zeitung* wurden von den Organisatoren auf die Ränge verdrängt. Die Sitze können wir von hier aus nicht erkennen. Daß sie ihr Essen auf den Knien serviert bekommen, wissen wir nicht. Glücklicherweise.

Wir müssen an unsere Mission denken.

Der richtige Wein zur Gänseleber? Vergessen wir die Mission. Wir werden nicht jünger. Wir müssen auch an unseren Ruf denken. Die Legende darf nicht sterben!

Vergnügt registrieren wir, wie manche sich eine Rührungsträne aus dem Augen wischen. Und jetzt sind wir richtig froh, daß es zu Ende ist.

Der Ball ruht

Heinz Florian Oertel kommentiert noch
einmal ein Weltmeisterschaftsspiel,
diesmal aus seinem Wohnzimmer

Bebeto flankt auf Zinho. Oh, oh, oh. Es sieht nach Tor aus.
Tor für Brasilien. Zinho nimmt den Ball an, tänzelt einen
Schweden aus, schaut nach vorn und will gerade schießen,
da steht Heinz Florian Oertel auf und geht raus, um nach-
zusehen, was der Kaffee macht. Mitten in der Torchance.
Zinho schießt ohne Oertel. Vorbei.
Noch ist es vergleichsweise kühl im Wohnzimmer des
schönen Pankower Hauses, doch das weiße Tageslicht
drückt unbarmherzig aus dem Garten gegen die Rollos
und läßt den Fußballrasen auf dem Bildschrim ein wenig
blaß aussehen. Es ist vormittags, wir sehen Schweden
gegen Brasilien. Die Wiederholung des Halbfinales. Das
Orginal begann erst um halb zwei in der Nacht. Um diese
Zeit wäre Oertel sogar eingeschlafen, wenn Vorwärts
Berlin gegen Energie Cottbus gespielt hätte, sagt er und
lacht jenes Lächeln, das manche verschmitzt und jungen-
haft nennen, andere verschlagen.
Wir wissen beide noch nicht, wer das Halbfinale in der
Nacht gewonnen hat, Oertel scheint es auch egal zu sein.
Gelassen kehrt er mit der Kaffeekanne zurück und schenkt,
immer den Rücken zum Bildschirm, behutsam ein. Dann
stellt er die Kanne ab, schlendert um den Couchtisch zu
seiner Sofaecke, setzt sich, streckt die langen Beine aus
und stopft seinem Hund »Grizzly« zwei, drei Kekse ins
Maul, bevor er wieder einen Blick aufs Fußballspiel wirft.
Er fragt nicht mal, ob er was verpaßt hat.
Wenn er in seinem Leben immer nur Synchronschwim-
men und rhythmische Sportgymnastik kommentiert hätte.
Aber Heinz Florian Oertel hat als Sportreporter von neun
Fußballweltmeisterschaften berichtet. Er sah Pele, Uwe

Seeler, Mario Kempes und Paolo Rossi in WM-Stadien spielen. Er bejubelte sie.

Nun sieht er ziemlich teilnahmslos zu, wie Romario den Ball so zauberhaft berührt, daß er leicht über die zuschnappenden Beine seiner Gegenspieler hüpft, wie Romario hinterherschwebt, kurz die Hüfte bewegt, wie der schwedische Torwart ins Leere springt. Als hätte er nun seinen Spaß gehabt und wolle die Schweden auch mal mitspielen lassen, schiebt Romario den Fußball so sacht aufs Tor zu, daß ihn ein Abwehrspieler gerade noch von der Linie holen kann. »Unglaublich. Das ist Varieté«, schreit Marcel Reif begeistert aus dem Fernsehgerät. »Sehr gut gemacht, das kennen wir«, sagt Oertel lustlos. Romario und Bebeto zaubern weiter, Marcel Reif sucht nach Superlativen, und Oertel spricht von 1958.

Damals standen Schweden und Brasilien im WM-Finale, das Oertel für den Rundfunk aus Stockholm kommentierte. »Fünf Tore schoß Brasilien, es hätten zehn sein können«, erinnert er sich. »Garrincha war dabei, der Vava, Didi, Orlando, Zagalo und wie sie alle hießen. Und natürlich Pele.« Da endlich leuchten Oertels Augen wieder, seine Hände fliegen, die »V's« vibrieren, die »R's« rattern, und die Vokale sind voll und satt wie nach einem guten Essen. So begleitete er Waldemar Cierpinski und Täve Schur ins Ziel, unter diesen Klängen segelte Hans-Georg Aschenbach über den kritischen Punkt hinweg.

»Das WM-Finale '58 war das beste Fußballspiel, das ich jemals sah«, sagt Oertel. »Damals waren die Stürmer die wichtigsten Spieler, heute sind es die Verteidiger.« Das Spiel vor uns scheint ihm recht zu geben. Gemächlich traben die Spieler über den Platz. Doch dann spielt Romario einen dieser göttlichen Pässe aus dem Fußgelenk, als Oertel gerade von Victoria Forst und Alemannia Cottbus berichtet, die in den dreißiger Jahren in seiner Lausitzer Heimat erfolgreich Fußball spielten. Da ist er der alte Mann, der erzählt, daß früher alles besser war.

Oertel sieht gut aus. Er ist 67, könnte aber auch glatt für Anfang 50 weggehen. Sein Gang ist noch federnd, obwohl er sich Hüfte und Knie durch jahrzehntelanges Joggen

auf Betonwegen kaputtmachte, die Augen funkeln, die Zähne blitzen, und seine Stimme summt und brummt wie immer. Doch wenn sie vom Fußball spricht, vom Fernsehen, von Kollegen und von den letzten Jahren, merkt man, daß Oertel angeschlagen ist.

Der Fußball ist für ihn stückchenweise gestorben. Als die Engländer das WM-System erfanden, Italien den Catenaccio einführte und Georg Buschner DDR-Mannschaften mit sieben Liberos zusammenstellte, als er in Brüssel übertragen mußte, wie britische und italienische Fans einander tottraten. Und in den letzten Jahren, als er Verbindungen zwischen seiner persönlichen Situation und dem unattraktiver werdenden Fußball ausmachte. »Alles, was zählt, ist der Erfolg. Nicht das Spiel, nur der Sieg. Über Fußball kann ich mich nur noch freuen, wenn Kamerun gegen Nigeria spielt, viele Tore fallen und wenig gefoult wird.« Die zweite Halbzeit des Halbfinales läuft bereits.

Oertel wurde jedes Jahr Fernsehliebling der DDR, er war nett zu allen, auch zu den Fiesen, er suchte sich seine Lieblingssportereignisse von der Weltkugel wie Rosinen. Als er 1989, kurz nach der Wende, besuchsweise und gutgelaunt, in einer *ARD*-Konferenzschaltung auftauchte, brach die Zusammenarbeit mit dem DDR-Fernsehen zusammen. Und *ARD, ZDF* und die Privaten wollten ihn auch nicht haben.

Heinz Florian Oertel, immer ein Synonym für Fröhlichkeit und das gewagte Bild, war plötzlich negativ besetzt. Westkollegen, die ihn bei Olympischen Spielen oder Weltmeisterschaften einluden, sie doch mal im Urlaub in ihrem Ferienhaus im Schwarzwald zu besuchen, schwiegen jetzt. Nur Harry Valerien schrieb zweimal.

Er sagt den Neujahrslauf in Berlin an, einen Citylauf in Halle und wird oft zu Foren und Sportfesten eingeladen. Am vorigen Dienstag war er Gast in der Volksbühne, die auf einer Großleinwand das WM-Spiel DDR-BRD zeigte. Es war ein schöner Abend, die DDR gewann 1:0, und Oertel war auch gut in Form. »Ich hab' ein ausgefülltes Leben«, sagt Oertel und überlegt wohl, daß er früher fünf Kolumnen in der Woche schrieb, für Rundfunk und Fernsehen bei

17 Olympischen Spielen war, daß er eine Talkshow machte und auch mal eine Schlagerparade, diverse gesellschaftliche Veranstaltungen moderierte und drei Bücher veröffentlichte. »Abends«, sagt er, »gehe ich mit dem Hund raus.«

Auf dem Bildschrim tritt der Schwede Thern Dunga um und kriegt die rote Karte. »Ein Foul, so überflüssig wie ein Kropf«, tadelt Marcel Reif aus Los Angeles. In Pankow schüttelt Oertel den Kopf. »So was würde ich nie sagen. Das diskriminiert doch alle Kropfträger.« Als Romario zehn Minuten vor dem Ende das 1:0 köpft, kriegt Reif für seinen Kommentar »Geniestreich« von Dr. Oertel ein weiteres Ungenügend. »Das war ein Kopfballtor und kein Geniestreich. Wie will er sich denn steigern, wenn einer drei Kopfballtore in einem Spiel macht.« Davon abgesehen, zählt Oertel den *ZDF*-Mann zu den besseren Reportern.

Die Schweden haben aufgegeben. Oertel streckt die Beine und lacht wieder, auch wenn er diesmal nicht an Pele, Eusebio oder Puskas denkt, sondern an sich selbst. »Das, was die heute im Fernsehen übertragen, würde ich allemal bringen«, sagt er. Dann redet er von der Steilen Wand von Meerane, von Louisville in Ohio, dem Hotel Astoria in Leipzig, vor dem Zehntausende Menschen auf Täve Schur warteten, von Abebe Bikila im Rollstuhl an der Aschenbahn in München, von einem 4:4 zwischen Jena und Vorwärts Berlin, von Emil Zatopek, der seine Goldmedaillen immer verschenkte, und einem Friedensfahrt-Prämienspurt in Niesky. In seinen großen Momenten war Oertel wirklich unerreicht. Vor allem, wenn man selbst den Tränen nah war.

Er erzählt, daß er beim *ORB* jetzt eine Reihe von Berichten über ehemalige Brandenburger Spitzensportler macht. Solche Magazinberichte seien ja für ihn als Live-Mann völlig neu. Er könne da von den sehr jungen *ORB*-Kollegen viel lernen. Man kann sich schwer vorstellen, wie das gehen soll.

Das Spiel ist aus. Brasilien liegt sich in den Armen, Schweden ist erschöpft, Marcel Reif freut sich auf Sonntag, und auch Heinz Florian Oertel wirft einen Blick voraus.

»Brasilien gegen Italien also«, sagt er. »Die Artisten gegen die Taktiker. Eine brisante Paarung. Ein Klassiker.« Wenn er nicht mit dem Herzen dabei ist, klingt er genauso wie Heribert Faßbender.

Auch Brasilien-Italien hat Oertel schon mal gesehen. 1970 im Aztekenstadion von Mexiko-City. Das Leben hat keine Überraschungen mehr.

Sepp Herberger in Parchim

Berthold Fieber kaufte sich für seinen
kleinen Mecklenburger Fußballverein einen
afrikanischen Stürmerstar und träumt von
großen Tagen

Als Berthold Fieber, der eine mittelgroße Baufirma in
Parchim besitzt, den Hörer auflegte, hatte er so ein Kribbeln im Bauch. Mafumba! Er hörte schon die Buschtrommeln schlagen. Mafumba! Klang das nicht wie Okocha?
Oder gar Yeboah. Er, Berthold Fieber, Präsident, Haupt-
sponsor und Gründungsmitglied des Parchimer FC 92,
würde Mafumba, die »schwarze Perle« verpflichten.

Fieber lehnte sich in seinen schwarzen Lederdrehstuhl
zurück. Er blickte wohlwollend auf sein großes, glänzendes
Arbeitszimmer, mit der schwarzledernen Sitzgruppe, zu der
ein dunkelgefliester Couchtisch gehörte, die Palmen und
die Modellhäuser von Fieber-Bau an der Wand, er dachte
an den 720er BMW draußen vor der Tür, an die vielen
Baustellen im Kreis Parchim und an die Bandenwerbung
im Stadion am See. So sollte es also sein. Vor sechs Jahren
hatte er noch den Investbauverantwortlichen der LPG gemacht, und jetzt schaffte er hier einen echten afrikanischen Nationalspieler ran. Einen Stürmer noch dazu. Das
paßte hervorragend. Volker Röhrich hatte ja immer noch
Probleme mit der Achillessehne.

Mafumba! Die Oberliga Nordost konnte sich frischma-
chen.

Jean-Rene Mafumba schreitet durchs Gate 4 des Flugha-
fens Tegel. Er schaut ein wenig verunsichert. Niemand erwartet ihn. Sein Gepäck ist irgendwo zwischen Brazzaville und Paris. Aus dem Lautsprecher knistert eine Durch-
sage, in der sein Name vorkommt. Erst in Deutsch, dann
in Englisch. Würde Jean-Rene Mafumba Deutsch oder Englisch verstehen, hätte er jetzt gewußt, daß sich Herr Fieber

verspätet. Er hätte auch gewußt, daß er in der Haupthalle auf ihn warten soll. Er hätte sich sicher gewundert, weil die Haupthalle schließlich sehr groß ist, und wäre vielleicht darauf gekommen, daß Herr Fieber nicht eben der weltmännischste Fußballpräsident ist. Womöglich hat Herr Fieber ja gedacht, einen Neger in der Haupthalle findet man immer. Und so ist es vielleicht gar nicht so schlecht, daß Jean-Rene Mafumba weder Deutsch noch Englisch versteht.

Mafumba wartet. Irgendwann wird der dicke, große Mann mit dem Mohrrübenhaar, irgendwann wird Monsieur Fieber schon kommen.

»Sascha! Oh, Sascha!« Berthold Fieber, der Präsident, nähert sich mit großen Schritten. Ein dunkler Wollmantel umweht seinen mächtigen Leib, und ein Mann mit grauer Gesichtsfarbe versucht, neben ihm Schritt zu halten. Das ist Bernd Böttcher, der in einer Sanitärinstallationsfirma arbeitet, die den Parchimer FC 92 sponsert. »Problem. Termin. Straße schlecht«, ruft Berthold Fieber atemlos. Er kommt eine Dreiviertelstunde zu spät. Jean-Rene Mafumba begreift instinktiv, daß er ab jetzt der »Sascha« ist und lächelt vorsichtig. Was ist schon eine Dreiviertelstunde. »Wie lange fährt man von Kongo bis Berlin?« fragt Bernd Böttcher interessiert.

Fieber klopft heftig auf den schmalen Schultern seines neuen Stürmerstars herum, Sachen wie »Okay Sascha«, »Gut, gut«, »Flug okay?«, »No Probleme?« ausstoßend. Dann begreift er, daß da doch ein Problem ist. Ein einziger Rucksack ist selbst für einen afrikanischen Besucher etwas wenig Reisegepäck. »Wo sind deine Töppen, Sascha?« Jean-Rene Mafumba versteht nicht. Töppen? Mmmh.

Leider spricht auch Sanitärinstallateur Bernd Böttcher kein Französisch und Lingala, Mafumbas Stammessprache, wohl auch nicht. Aber ihm fällt etwas ein. »Letzten Sommer in Mallorca, da waren in unserer Reisegruppe sogar vier Koffer verschwunden«, sagt Bernd Böttcher zu Jean-Rene Mafumba. Der schaut erschrocken. Mallorca? Er ist froh, daß er endlich in Deutschland ist.

Man fährt lange von Kongo nach Berlin. Böttcher holt

erst mal was zu essen. Fieber und Mafumba sitzen sich im Flughafen-Café schweigend gegenüber. »Dünne Arme haste, Jung«, sagt Berthold Fieber. Böttcher hat aus gutem Grund Käsebrötchen gewählt. »Manchmal essen sie ja kein Fleisch.« Mafumba beißt hungrig in die Schrippe. »Gut so, Jung. Bißchen happi, happi. Bißchen Fitneßcenter. Wir päppeln dich schon auf«, sagt Fieber mehr zu sich selbst. Hoffentlich war das kein Fehleinkauf.

Ach was, bei 15 000 Dollar kann man kaum was falsch machen. Und die 2 000 Mark netto, die Mafumba im Monat bekommt, kann sich der Klub leisten. Hoppen hatte ihm gesagt, daß die nur Wasser trinken, was ja auch gut ist. Jetzt müssen sie nur noch die Wohnung besorgen, die sie versprochen hatten.

»Wohnung kriegste auch, Sascha«, sagt Fieber, »mit Gasheizung.« »Die kennen doch dort unten gar keine Kohlen. Nee, Ofen wär nich gut«, sagt Bernd Böttcher. »Bist du verrückt. Der brennt uns doch die ganze Bude ab«, stimmt Berthold Fieber zu.

Als Rosi Richter, die am Parchimer Gymnasium unterrichtet und der einzige Berthold Fieber bekannte Mensch ist, der Französisch spricht, am Abend ins Sportlerheim kommt, um bei den Vertragsverhandlungen mit Jean-Rene Mafumba zu dolmetschen, saßen plötzlich zwei Neger da. Und ein Spielervermittler. Und ein Herr Fickert, Nationaltrainer von Kongo. Viel zu übersetzen war nicht. »Die haben nicht Miff und nicht Muff gesagt. Die haben ein Fußballspiel im Fernsehen angeguckt«, sagt Rosi Richter. »Aber ich glaube, sie haben den anderen Afrikaner auch genommen.«

Weil die Parchimer offensichtlich ein kauffreudiges Völkchen waren, hatte der rheinländische Spielervermittler Willy Hoppen zur Vertragsunterzeichnung mit Mafumba gleich noch einen zweiten Afrikaner mitgebracht. Dieser heißt Assana Tope, ist auch nicht teuer und kommt aus dem Kongo. Fieber hat' ihn genommen. »Ich hab' zwar nicht schlecht geguckt, als da plötzlich noch ein Schwarzer war. Aber der Preis stimmt, und außerdem fühlt sich der Sascha dann nicht so allein. Zu zweit ist immer besser.«

Jean-Rene Mafumba hat ein feingeschnittenes Gesicht, meistens wirkt es nachdenklich, ernsthaft, verschlossen irgendwie. Er lacht selten. Wie er da in seinen glänzenden Fußballsachen im zugigen Flur zu den Parchimer Umkleidekabinen steht, zwischen den weggeworfenen Tickets und Bierbüchsen vom letzten Heimspiel, da sieht es fast so aus, als stehe er über den Dingen. Das könnte ihm zum Verhängnis werden, wenn er keine Tore schießt.

Immerhin spult er artig seine Höflichkeitsfloskeln ab. Joachim Fickert, der im Auftrag des Auswärtigen Amtes fünf Jahre lang die kongolesische Nationalmannschaft trainiert hat, übersetzt und interpretiert.»Er sagt, daß er froh ist, hier zu sein. Erstens würde er sowieso nicht die Wahrheit sagen, wenn es nicht so wäre, und zweitens stimmt es. Da unten in Brazzaville hat er dreißig Mark im Monat verdient. Und dann war ja jetzt Bürgerkrieg da. Ich hab ihn da rausgeholt, weil er das verdient hat«, sagt Fickert. Von Jean-Rene Mafumba ist noch zu erfahren, daß er stolz sei, hier spielen zu dürfen, seine Mitspieler nett seien und Deutschland die besten Fußballmannschaften der Welt habe. Von Joachim Fickert ist zu erfahren, daß er schon in über 45 afrikanischen Ländern war und demnächst Mosambik trainieren wird. Und dann Malawi. Oder Kambodscha.

»Borussia Mönchengladbach ist sein Lieblingsverein, sagt er. Na, ich will mal so sagen, das hier muß wirklich nicht die Endstation sein. Ich vergleiche das immer mit den amerikanischen Boxern. Die wollen raus aus dem Ghetto.«

Präsident Berthold Fieber hat mächtig gerudert, um »Sascha« Mafumbas Spielberechtigung für das wichtige Heimspiel gegen den 1. FC Magdeburg zu bekommen. Er hat von seinem Autotelefon aus mit einem kongolesischen Fußball-Präsidenten telefoniert, er war in der DFB-Filiale von Mecklenburg-Vorpommern, und er hat Fußballschuhe für Mafumba besorgt. Welche mit Stollen. Es hatte ein bißchen geschneit.

Hat Mafumba überhaupt jemals vorher Schnee gesehen?

»Höchstens auf'm Kilimandscharo«, sagt Fieber und lacht. Dann ernst: »Aber da muß er sich dran gewöhnen, der Jung. Bei uns schneit's eben manchmal.«

Fiebers Mühen haben sich gelohnt. »Sascha« kann spielen.

Kurz vor dem Anpfiff übersetzt Rosi Richter dem neuen Mann noch ein paar taktische Instruktionen des Trainers. »Er soll die Bälle flach halten und irgend etwas mit kurzem Pfosten«, erinnert sich Rosi Richter an das kurze Gespräch hinter verschlossenen Türen. Hat Mafumba sie denn verstanden? »Weiß nicht.«

Der Stadionsprecher stellt Sascha als »Schascha« vor, vermutlich, weil das etwas afrikanischer klingt. Wer Berthold Fieber beim Spiel seiner Mannschaft sieht, kann Mafumba nur wünschen, daß er viele Tore schießt. Berthold Fieber verwandelt sich mit dem Anpfiff in eine Bombe. Erst tippelt der Präsident, dann hüpft er, dann springt er ganz hoch und explodiert. Sein schwarzer Mantel versucht vergeblich die Bewegungen nachzuvollziehen, sein dünnes, rotes Haar springt in alle Richtungen weg, und manchmal, wenn der Gegner kurz vorm Parchimer Tor steht, hat man Angst, daß Berthold Fieber die Augen rausfallen könnten. Das hier ist sein Leben. Eigentlich arbeitet seine Baufirma mit all ihren 69 Beschäftigten nur für diese 90 Minuten. Das ist seine Mannschaft. Das sind seine Spieler. Sein Sascha.

Glücklicherweise fallen schnell drei Tore, und alle drei für Parchim. Da ist zu verschmerzen, daß Mafumba noch nicht so richtig in die Mannschaft paßt. Die besoffenen Zuschauer, der verkrustete Schnee vor der Eckfahne, die vielen bunten Tafeln, die am Spielfeldrand für »Meyer-Getränke«, »Elektro-Helmcko« und die »Holzwerke Lübz« werben, die elende Kälte und Mannschaftskameraden, die eher Rugby spielen als Fußball. Jean-Rene Mafumba fremdelt über den Rasen, und einmal, als er eine große Chance hat, stolpert er und fällt um. »Husch, husch, husch – Neger in den Busch«, grölt es von den Rängen.

Dann ist Schluß, der 1. FC Magdeburg, Europapokalsieger von 1974, ist geschlagen.

Berthold Fieber ordnet seine Mantelschöße und wird wieder Mensch. Oder besser Präsident. Auch das ist er von ganzem Herzen.

Beim Parchimer FC 92 denkt man nicht in Oberliga-Nordost-Dimensionen. Die Stadionkneipe heißt hier VIP-Raum, es gibt ein Büfett wie bei Bayern München und einen ehemaligen »Sportschau«-Moderator, der die Pressekonferenz leitet. Noch ist kaum Presse da, aber der Ex-Moderator überspielt das routiniert. »Sepp Herberger sagte ja, der nächste Gegner sei immer der schwerste. Was erwartet Sie kommenden Samstag bei Motor Eberswalde?« fragt er Parchims Trainer Jürgen Decker. Die Wangen der Sponsoren glühen. Sepp Herberger in Parchim! So klingt sie, die große weite Fußballwelt.

Präsident Fieber bestellt einen Korn und wartet mit den Bauherren, Klempnern, Autohändlern und Tischlern aus dem Sponsorenpool auf den Fernsehbericht. Noch läuft der Parchimer FC 92 nicht in »ran«, aber es gibt ja Videotext. Auf der N3-Tafel leuchten Ergebnis und Tabelle. Parchim ist Zweiter, Fieber bestellt noch einen Korn. »Nächstes Jahr sind wir Regionalliga«, verkündet Vizepräsident Garbe, der mit Computern und Immobilien handelt. Trainer Decker schaut traurig. Heute wird es wieder schlimm. Nach dem zehnten Bier spielt Parchim in der Bundesliga.

In der Gaststätte »Zum Wockertor« sitzen vier Afrikaner über großen Tellern mit Hamburger Schnitzel und Bratkartoffeln. Jean-Rene Mafumba und Assana Tope vom Parchimer FC sowie Francis Makaya von Erzgebirge Aue und dessen Frau Bertille. Die beiden Parchimer Neuverpflichtungen wohnen in den Fremdenzimmern über der Kneipe, bis eine Wohnung gefunden ist, Makaya und seine Frau sind zu Besuch da. Über Parchims Dächern steht der Vollmond, in der Tür ein sanft schwankender Präsident. Er ist bei Korn geblieben.

»Nächstes Spiel in Eberswalde, Jungs. Wir essen in Honeckers Jagdrevier zu Mittag«, ruft Berthold Fieber der Runde zu. »Honecker?« fragt Makaya. »Der DDR-Präsident«, hilft Joachim Fickert, der auch noch da ist. »Nee, nee«, korrigiert ihn Fieber. »Nix Päsident. Staatsratsvorsitzender.« Später hält Fieber minutenlang die zierliche, schwarze Hand von Bertille Makaya zwischen seinen rosa Pranken. »Du hast kalte Hände, Mädel«, sagt er verträumt. Die Buschtrommeln spielen sanft ihr Lied dazu.

Am nächsten Morgen steht kalter Rauch im »Wockertor«. Ein nachdenklicher Präsident stürzt sein zweites Glas Apfelschorle hinunter. »Sascha« hat Blasen an den Füßen und Bauchschmerzen. »Zuviel Hamburger Schnitzel wahrscheinlich«, sagt Fieber. Am Tresen erzählt ein aufgeräumter Joachim Fickert der Wirtin von komplizierten kongolesischen Hochzeitsriten. »Dat is schon wat«, sagt die Wirtin interessiert. »Vor allem, wenn man dat nich so kennt.« Dann geht sie in die Küche.

Die Bockwurst für Berthold Fieber ist heiß. Die Buschtrommeln schweigen.

Der Pate von Dresden

Der ehemalige Dynamo-Präsident
Rolf-Jürgen Otto spielte mit Fußballern,
Pferden, Bauarbeitern, Kellnern und
Croupiers – und verlor

Otto spielt toter Mann. Er hockt hinter einem edlen
Schreibtisch, der mitten in der vornehmen Lobby des
Dresdner Bellevue-Hotels steht, und läßt die Lider langsam über seine Froschaugen wandern. Auf und ab und auf
und ab. Der Abend ist jung, die Lobby ist leer, der Hotel-
Pianist hat den Blues. Auf dem Schreibtisch liegt neben
dem Telefon noch ein blinkendes Handy und des Präsidenten Telefonliste vom Tage, sechs Blatt eng mit Nummern beschrieben, die er heute anzuwählen hatte, ein fast
leergerauchtes Marlboro-Päckchen und ein Scheckheft.
Vor dem Tisch kauert Willy Konrad wie ein Schoßhund.
Konrad ist ein hessischer Spielervermittler mit zweifel-
haftem Ruf, den Otto seit zwanzig Jahren kennt.

Kippen, Schecks und Konrad. Es ist alles da, was Otto
braucht. Trotzdem wirkt der Präsident seltsam müde und
leer. Träge gleitet sein Blick immer wieder zur Eingangs-
tür des Hotels. Als sei von da mit Erlösung zu rechnen.
»Wenn mer die Liga halten könnten. Des wär' eine Sensa-
tion«, versucht Willy Konrad. Doch Ottos Lider schleichen
teilnahmslos weiter. Alles ist aus. Ist es das?

Vor etwa drei Jahren kam Rolf-Jürgen Otto über Dresden.
Der Frankfurter Baulöwe, der einst als Lasterfahrer ins
Berufsleben gestartet war, hatte auf dem Wege nach Sachsen Gotha ausprobiert, wo er eine Fensterfirma gründete,
dann Leipzig getestet und war schließlich in Dresden ge-
landet. »Ich war ja vorher nie im Osten gewesen. Von Dresden hatte mir mal einer gesagt, das wird mal wie München.
Das stimmte. Besser als Leipzig. Leipzig war nicht meine
Stadt.« Da hat Leipzig noch mal Glück gehabt.

Rolf-Jürgen Otto mietete ein Appartment im ersten Hotel am Platz, sondierte kurz die Lage und eroberte in der
Folge alle strategisch wichtigen Stellen der Landeshaupt-
stadt. Inzwischen hat er ein Kieswerk in Dresden, eine
Hoch- und Tiefbau-Firma in Großenhain, die Trendbau-
Gesellschaft, die am Rand von Dresden in Weißig eine Art
Kleinstadt aufbaut, und eine Baufirma in Meißen, er sitzt
für die FDP im Dresdner Stadtparlament, wo er im Sport-,
im Finanz- und Liegenschaftsausschuß sowie im Bauaus-
schuß arbeitet, er ist Mitglied des Dresdner Rennvereins
1890 e. V., auf dessen Rennbahn drei seiner Pferde laufen.
Und am allerwichtigsten: Rolf-Jürgen Otto ist Präsident
von Sachsens ganzem Stolz. Dem FC Dynamo Dresden.
Gewählt mit überwältigender Mehrheit.

Nicht schlecht für einen Mann, der aussieht wie ein Ge-
brauchtwagenhändler. Otto trägt eine protzige Goldrandbrille, Jacketkronen und Anzüge, die nicht zur Farbe seiner Hemden passen, er zockt des öfteren im Casino des
Bellevue-Hotels um hohe Beträge, er hat weder Ahnung
von Pferden noch von Fußball und einen grottenschlechten
Ruf als Unternehmer, er gilt als Choleriker und umgibt sich
mit Leuten wie Willy Konrad, der Goldketten trägt und
Fußballturniere in Bangkok und Schanghai organisiert.

All das störte die Sachsen nicht. »Otto ist der Größte«,
jubelten sie ihm auf der Rennbahn und im Stadion zu, in
seinem Wahlkreis, der Arbeitergegend Prohlis, war er eine
Art Volksheld, und im Hotelfoyer drängelten sich die Au-
togrammsammler. Vielleicht führten die ganzen Enthül-
lungsgeschichten in *Spiegel* und *Super Illu* deshalb nie zu
richtigen Konsequenzen. Rolf-Jürgen Otto wirbelte unbe-
eindruckt. Er baute weiter Häuser, er wurde sogar Politiker, seine Pferde gewannen, und Dynamo Dresden spielte
schließlich immer noch in der 1. Bundesliga.

»Die Dresdner wollen Leute, die ihnen viel versprechen.
Sie schätzen Menschen, die ständig in Bewegung sind.
Und Otto hat diesen Hauruck-Charme«, sagt Klaus Striet-
zel von den Bündnisgrünen, der Rolf-Jürgen Otto aus dem
Dresdner Parlament kennt. »Ohne Otto gäbe es Dynamo
Dresden nicht mehr. Der redet nicht nur, der handelt«,

sagt Volkmar Burger, Marketingchef der Dresdner Pfer-
derennbahn. »Wir hatten doch keinen anderen, der den
Dynamo-Präsidenten machen konnte. Und wir haben
immer noch keine Alternative«, sagt der Wirt der Dynamo-
Kneipe.

Otto steht früh auf und geht spät ins Bett. Dazwischen
ist er ständig in Bewegung. Jemand, der die Arbeit macht.
Deshalb war er Sachsens Mann.

»Also isch hätt die Kraft nich, wo er hat«, versucht Konrad
noch mal die Weltuntergangsstimmung aus der Lobby zu
jagen. Diesmal hat er Erfolg. Es geht ein Ruck durch seinen
Präsidenten. »Ich hab' Sonnentage erlebt, ich werde auch
den Regen überstehen«, sagt Otto. »Dann wird mich auch
die Presse wieder lieben. Und Mohren, der Sportchef vom
MDR-Fernsehen, hat sich doch bloß so auf mich einge-
schossen, weil er Schulden bei mir hat, die er nicht zu-
rückzahlen kann.«

Damit gleich ein bißchen Sonne durch den Regen scheint,
winkt Otto einen der livrierten Pagen an den Schreibtisch. »Das ist der Herr Lungwitz. Wir haben ein ausge-
zeichnetes Verhältnis zueinander«, erklärt der Präsident.
»Finden Sie, daß ich aufbrausend und cholerisch bin, Herr
Lungwitz?« Die Goldknöpfe an Lungwitz' Uniform glitzern.
»Keineswegs, Herr Otto.« Sehr schön.

Aber Otto will noch mehr Sonne. Er stemmt sich aus
dem Sessel und gibt dem Pianisten ein kurzes Zeichen,
worauf dieser »New York, New York« zu spielen beginnt.
»Mein Lieblingslied«, erklärt Rolf-Jürgen Otto zufrieden.

Man kann sich vorstellen, wie er ist, wenn er nicht den
toten Mann spielt. Sondern den Paten von Dresden.

Vielleicht hat Dynamo Dresden ein bißchen zu oft verloren. Vielleicht hätte Otto nicht Horst Hrubesch zum Trainer machen sollen. Vielleicht lag es auch an den harschen
Worten, mit denen er seine Fußballer nach dem hart er-
kämpften Unentschieden in Duisburg vor der Fernsehka-
mera kritisierte. Ganz sicher aber hat es mit Dynamo
Dresden zu tun, daß Rolf-Jürgen Ottos Bild plötzlich kippte.

Denn Dynamo ist mehr als ein Fußballverein. Der Ruf des Ostens steht auf dem Spiel.

Otto machte nichts anders als früher. Aber nun wurde ihm seine Geschäftigkeit als Windigkeit ausgelegt. Seine guten Beziehungen zu Wirtschaft und Politik waren Filz. Engagiertheit wurde zu Cholerik. Erfahrung zu Besserwisserei. Intuition zu Konzeptlosigkeit. Er hat einen Haufen Versager wie Sassen, Waas und Andersen gekauft, er soll völlig pleite sein, und die Häuser, die er baut, taugen auch nichts.

»Stadtrat Otto ist so ein Hoppla-hier-komm-ich-Typ. Der verbreitet nur heiße Luft«, sagt Strietzel vom Bündnis. »Otto als solcher ist Bankrotteur«, sagt Andreas Weniger, Vorsitzender des Dynamo-Fanprojektes. »Nur weil der mit den Politikern mauschelt, konnte der in unserem Ort an eine Stelle, wo eigentlich Kinderspielplätze hinsollten, seine Häuser bauen. Und höher als erlaubt sind sie auch noch«, sagt Michael Kissing aus Weißig.

»Ob er Ahnung von Fußball hat?« grübelt Dresdens Trainer Ralf Minge. »Sagen wir so: Er hat auch Pferde.« Dann rollt er vielsagend die Augen. »Kein normaler Mensch würde so konzeptlos Spieler kaufen und verkaufen. Es sei denn, er will Geld bewegen, um es sauberzumachen«, munkelt der Wirt der Dynamo-Kneipe. »Der Mannschaft ist nach und nach der Charakter geraubt worden. Hier spielt doch kaum noch jemand, für den der Name Dynamo irgendwas bedeutet«, sagt Hartmut Schade, ein Fußballstar aus glorreicheren Zeiten.

Na klar sind Otto die Traditionen von Dynamo Dresden scheißegal. Er weiß auch nicht, wer Siegmar Wätzlich ist und spricht das schöne weiche Wort Dynamo immer noch so herzlos aus, als hätte es vorn ein kurzes Ü und hinten drei dicke M. Aber das würde alles nichts zählen, wenn ihn nicht das Glück verlassen hätte. Oder um es mit den Worten seines hessischen Zockerkumpels Konrad zu sagen: »Mir habe die Seusche. Wo mer hingreife, Seusche.« Die Spieler, die sie gekauft haben, hätten ja auch voll einschlagen können, gibt Konrad zu bedenken. Das sei, so Konrad, wie mit dem »Buttergaul«, den Otto vor etwa zwei

Jahren für 100 000 Mark gekauft habe. Dann gewann das Pferd überraschend vier große Rennen hintereinander, und ein Jahr später verkaufte Otto es für anderthalb Millionen.

Pferde sind wie Fußballer. Pferde sind auch wie Autos, Häuser oder die unberechenbar hüpfende Roulettekugel. So jedenfalls sieht es Otto. Das ist sein eigentliches Problem. Und damit das von Dynamo Dresden.

»Der da war auch mal mein Freund«, sagt Otto und zeigt auf einen elegant gekleideten Herrn mit Lederköfferchen, der in der Lobby wartet. »Ich hab' ihm Geld besorgt und Kontakte, aber jetzt, wo er es geschafft hat, kennt er mich nicht mehr.«

Der Pianist spielt was Trauriges. Otto spielt tot. Aber diesmal verliert er.

Den Damen muß man guten Tag sagen

Michail Gorbatschow auf dem Weg
zum idealen Werbeträger

Wenn Michail Gorbatschow diesen Artikel schreiben müßte, würde er vielleicht so anfangen: »Wie ich meine, ist diese Frage von grundlegender Bedeutung, obwohl ich denke, wir können, und da werden Sie mir sicher zustimmen, nie alle Fragen vollständig beantworten, aber wir können es versuchen, und das wird ein wichtiger Schritt sein.« Genauso begann er in dieser Woche einen Vortrag über den Weg Europas ins 21. Jahrhundert. Leider.

Da kommt er, Michail Sergejewitsch. In einem sympathischen, einfachen Anzug steckt er. Nicht so was aufgesetzt Lockeres oder Elegantes. Und die braunen Augen sind so ausgelassen, wie wir sie in Erinnerung haben. Raissa Maximowa hat sich bei ihm untergehakt und teilt Lächeln aus. Sie haben Freunde aus Moskau mitgebracht. Einen kleinen, unruhigen Sekretär und einen coolen Dolmetscher, dessen Zigarette nie aufhört zu qualmen und der auch mal »die Leute, die jetzt regieren« aus alter Gewohnheit mit »die Machthaber« übersetzt. Diese freundliche russische Quadriga reiste jüngst durch Deutschland. Und alle freuten sich.

Als er Anfang der Woche einen ostdeutschen Betrieb besuchte, fragte Gorbatschow den Geschäftsführer: »Wer ist Ihr Konkurrent?« »Die Firma Müller-Weingarten«, antwortete der Geschäftsführer. »Es ist gut, einen Konkurrenten zu haben«, sagte Gorbatschow. »Damit Sie sich nicht so langweilen.« Dann lachte er herzlich. Er ging zu den Arbeitern an die Drehbänke und fragte: »Nun, wie ist die Lage?« Die Arbeiter klagten, daß sie nur 70 Prozent des Westlohnes bekämen und viele von ihnen bis zum Jahresende entlassen würden. »Das sind ernsthafte Probleme«, schätzte Gorbatschow ein. »Wißt ihr was?« sagte er. »Ihr müßt ein Programm ausarbeiten.« Dann war er weg. Draußen vorm Verwaltungsgebäude standen Frauen und winkten. Gorbatschow scherte aus dem Troß aus und schüttelte ihnen die Hand. »Den Damen muß man guten Tag sagen«, erklärte er. »Frauen brauchen soviel gute Laune. Für die Arbeit, den Mann und die Kinder.« Die Bürofrauen strahlten.

»Ein interessanter Betrieb«, resümierte Gorbatschow beim Hinausgehen. Und dem Geschäftsführer des 2 000-Mann-Unternehmens gab er noch mit auf den Weg: »Ich merke, Sie haben schwierige Probleme. Aber ich sage Ihnen eines. Ohne Probleme macht das Leben keinen Spaß. Wichtig ist nur, daß sie lösbar sind.« Der Geschäftsführer lächelte dankbar. Als sei er nun aus dem Schneider.

Michail Gorbatschow hat die Welt verändert. Ein Generalsekretär der KPdSU, der tolerant war, menschlich, mutig. Einer mit Zivilcourage. Und auch jetzt, drei Jahre nach seinem Rücktritt als sowjetischer Präsident, strahlt Gorbatschows historischer Glanz immer noch so stark, daß die meisten Menschen nicht sehen, daß ein guter Kerl, der sich dreißig Jahre lang durch die Nomenklatura einer bürokratischen Partei wurstelte, nicht zwangsläufig ein weiser Staatsmann wird. Und auch Gorbatschow sieht es nicht. Oder will es nicht wahrhaben.

Auf einem Meeting mit Künstlern fragte ihn vor ein paar Tagen eine junge, etwas abgedrehte Dichterin, ob es denn einen ganz bestimmten Augenblick gab, einen Geruch vielleicht oder eine Farbe, der ihn zur Perestroika inspiriert habe. »Lesen Sie mein Buch«, sagte Gorbatschow. »Es hat 2 500 Seiten, da steht alles drin.« Da stand Raissa Gorbatschowa auf und erzählte eine Geschichte. »Es war 1985, und es war drei Uhr nachts. Wir machten einen Spaziergang. Gorbatschow sagte zu mir: ›Weißt du, es kann sein, daß ich an die Spitze des Staates gestellt werde. Das kann sehr schwierig werden. Aber ich gehe es an.‹« Dann setzte sie sich wieder hin, und Michail Gorbatschow bemerkte ergriffen: »So war es.« 1985, nachts um drei.

Gorbatschow spricht, wenn er sich an früher erinnert,

von sich selbst oft in der dritten Person. »Gorbatschow« nennt er sich oder auch »der Präsident«. Er malt kräftig mit an dem Bild, das alle gern von ihm hätten. Auf die Frage, wie man denn als aufsässiger Reformer an die Spitze der Partei gelangen konnte, erklärt er: »Wissen Sie, es war ein schwerer Weg, den wir gegangen sind. Einige von uns gingen ins Ausland, einige ins Gefängnis. Ich wußte, es kam darauf an, die fortschrittlichen Kräfte in der Partei zu motivieren.« Und auch seine Erinnerungen an den Besuch zum 40. Jahrestag der DDR im Oktober 1989 sind dramatisch eingefärbt. »Als ich da auf dieser Tribüne stand und die leuchtenden Augen der jungen, kräftigen Menschen sah – ich nehme an, es waren Aktivisten –, da wußte ich: Das ist das Ende.« Als jemand nachfragt, ob er da wirklich den Fackelzug der FDJ meine, sagt Gorbatschow: »Nun, es war neben diesem großen Haus, diesem Glaskasten.« Und sein rauchender Dolmetscher übersetzt: »im Spiegelsaal«. Wenn schon Geschichte, dann auch mit Spiegelsaal.

Gorbatschow leitet heute ein Institut, von dem keiner so richtig weiß, was dort eigentlich geforscht wird. Er hat ein Buch geschrieben, das ein bißchen zu dick scheint, um gedruckt zu werden. Das ist alles nicht so beeindruckend für einen Mann, der Weltgeschichte schrieb, denkt sich Gorbatschow wohl und flicht in seine Reden immer kleine, oft unmotivierte und eitle Ausflüge an exotische Orte und zu wichtigen Persönlichkeiten ein. »Neulich hielt ich eine Rede in Fulton.« »Kanzler Kohl sagte zu mir, Michail, was die Wirtschaft angeht, haben wir uns verrechnet.« »Kürzlich mußte ich in St. Petersburg 25 Interviews an einem Tag geben.« »Vorige Woche habe ich ein Telegramm von meinem Freund Genscher erhalten.« »Vor zwei Jahren sprach ich mit Professor Schulz in Stanford. Es war abends.« Was seine Verdienste angehe, darüber solle die Geschichte befinden, sagt Gorbatschow bescheiden. Und an anderer Stelle: »Wissen Sie, es gibt 1 500 Bücher über Gorbatschow. Einige habe ich sogar gelesen.«

Michail Gorbatschow sehnt sich nach einer wirklichen Aufgabe. Er ist wütend auf Jelzin, er will etwas verändern, er fürchtet um die Demokratie in Rußland. Wenn das Volk ihn rufe, werde er in die politische Arena zurückkehren, sagt er. »Dann werde ich eine demokratische Alternative ins Leben rufen.« Aber was ist das? Will sie jemand? Will ihn jemand in Rußland?

Die Perestroika und auch Gorbatschows Außenpolitik waren von seinem gesunden Menschenverstand diktiert. So waren auch seine Reden damals. Vernünftig, menschlich, einleuchtend. Heute redet er ohne Dramaturgie, ohne Konzept. Er stellt sich einfach ans Pult, verläßt sich auf seinen historischen Glanz, fängt irgendwo an, springt durch Kontinente und Gesellschaftsordnungen, erzählt Binsenwahrheiten und hört nach anderthalb Stunden wieder irgendwo auf. Er will ein neues Gesellschaftsmodell, weil alle anderen versagt hätten. Wie heißt es? »Neue Zivilisation.« Wie soll es aussehen? »Es soll sozialistische Züge tragen, sozialdemokratische, selbstverständlich auch christlichdemokratische und konservative.«

So passiert das Schlimmste, was passieren kann. Die Leute nehmen ihn nicht mehr ernst. Sie klatschen immer, egal, was er sagt. »Die Lage in Rußland ist ernst«, berichtet Gorbatschow, und seine Zuhörer gucken erschrocken. Sie lachen, wenn er lacht. Und wenn er August Bebel, den er sehr bewundere, Babel nennt, hört es keiner.

Gorbatschow sitzt neben Bernhard Vogel von der CDU und schildert die Vorzüge des Sozialismus. In vierzig Jahren DDR sei auch viel Gutes passiert. »Die Sportler siegten; es wurden Denkmäler errichtet und Häuser gebaut.« Er sagt, daß er es »wunderbar« findet, daß es die PDS gibt. »In vielen ehemaligen sozialistischen Ländern haben sich solche Parteien gegründet. Es sind demokratische, linke Parteien, die sich von ihrer fundamentalistischen Basis getrennt haben.« Und was macht Vogel? Er sitzt daneben, pafft genüßlich eine Zigarre und grinst. Nicht den leisesten Einwand hat er. Alles in Butter. Schön, daß Sie hier sind, Genosse Gorbatschow.

Gorbatschow ist auf dem besten Weg, eine universell einsetzbare Kunstfigur zu werden. Ein tragikomischer Held, der erzählen kann, was er will, er ist immer eine gute

Besetzung. Diesmal war er zum CDU-Wahlkampf in Thüringen. Vielleicht holt man ihn demnächst zur Eröffnung eines Autohauses.

Anfang der Woche hat ihn jemand aus Ilmenau zu den Ilmenauer Studentenwochen im nächsten Jahr eingeladen. Gorbatschow hat nicht ja gesagt. Aber auch nicht nein.

Bringt das was?

Gregor Gysi muß immer schlagfertig und witzig sein, auch wenn er traurig ist

Angie scheint voll zu sein. Unsicher schwankt sie auf hohen Absätzen über die kleine Tanzfläche, sucht nach Worten, einem Mikrofon und ihren drei Kolleginnen. »Hallo, ihr«, lallt sie mit unzureichend verstellter Männerstimme ins Publikum. Aus dem roten Seidenkleid quellen die Brusthaare, unterm Puder schimmert der Bart. Schließlich tritt eine Schlagermelodie aus der Box, Angie bewegt die Lippen, und ihr Schwanken könnte jetzt auch eine Art Tanz sein. Die Travestie-Show, wenn man es so nennen will, hat begonnen.

Gregor Gysi sitzt in der ersten Reihe des Erlanger Schwulenzentrums, grinst und flüstert: »Ich hätte jetzt gern den Modrow hier. Der kann so herrlich verlegen sein. Ich mag solche grotesken Situationen.« Er lehnt sich zurück, es war ein langer Tag.

Am Vormittag war »Fraktions«-Sitzung in Bonn, danach brach Gysi zu einer anderthalbtägigen Wahlkampftour durch Bayern auf. In Erlangen holte er sich von 500 Studenten der Universität mit Sätzen wie »Helmut Kohl hat ja für seinen Juraabschluß auch sechzehn Semester gebraucht, obwohl er aus besseren Verhältnissen stammt« anhaltenden Applaus und sicher ein paar der Stimmen, die seine Partei im Westen so dringend braucht. Selbst wenn es für die PDS bei der Bundestagswahl im Osten optimal läuft, benötigt sie in den alten Ländern anderthalb bis zwei Prozent. In Erlangen waren es zuletzt 0,5. Und Günter Meinke, Chef der örtlichen PDS-Gruppe, sieht nicht unbedingt so aus, als könne er zwei draus machen.

Meinke trägt eine bunte, zerknitterte Mütze, einen Bauch und einen Sticker, auf dem »Günter« steht, er hat Gysi hierher ins Schwulen- und Lesbenzentrum der Stadt geführt. In jedem zweiten Satz erzählt Meinke, daß er der Kandidat für den ersten Listenplatz der PDS in Bayern sei. In jedem vierten outet er sich als bekennender Schwuler. Daß »der Gregor« heute hier war, findet Meinke »schon ganz wichtig«. Es ist zu bezweifeln, daß Gysi das genauso sieht.

Etwas lustlos hockt er zwischen bunten PDS-Luftballons und den sanften Porträts nackter junger Männer mit waschbrettartiger Bauchmuskulatur. Der angetrunkene Oberfranke, der in Kittelschürze Johanna von Koczian imitiert, ist eine Zumutung. Zwischen zwei Nummern flüchtet Gysi.

Im Auto fragt er sich laut: »Hören die mir überhaupt zu? Bringt das was? Ich weiß nicht.« Seit vier Jahren macht er das jetzt. Immer witzig sein, immer klug, schlagfertig, schnell. Und vor allem ganz allein.

Am nächsten Morgen steht das Würzburger PDS-Mitglied Holger Grünwedel unter einem Regenschirm an einer Autobahnraststätte, um Gysi das aktuelle Tagesprogramm zu erläutern. Grünwedel war ganz früher in der SPD, dann wechselte er in die DKP, bevor er vor einem Jahr der PDS beitrat, deren Würzburger Sprecher er werden will. Grünwedel redet und organisiert gern. Beruflich vertreibt er Schlauchboote. Und jetzt drückt er aufs Tempo.

Im »Bräustübl«, einer Kneipe in der Kitzinger Fußgängerzone, warten nämlich bereits zwei Personen, die im Auftrage der Würzburger Stadtillustrierten *Schmidt* ein Interview mit Gysi führen sollen. Ein junger schweigsamer Mann und eine aufgeregte Dame namens Dr. Margret Popp, die »ohne lange Vorrede« wissen will, warum Gysi in der DDR Karriere gemacht hat, was er damals für die Umwelt tat und ob es, was sie stark bezweifle, einen Unterschied zwischen SED und PDS gebe. Gysi antwortet geduldig, versucht zu erklären. Doch das Interview wird immer mehr zum Verhör. Frau Dr. Popp konfrontiert Gysi schweratmend mit abgehangenen Stasi-Vorwürfen und fragt triumphierend: »In Hohenschönhausen gab es einen Stasi-

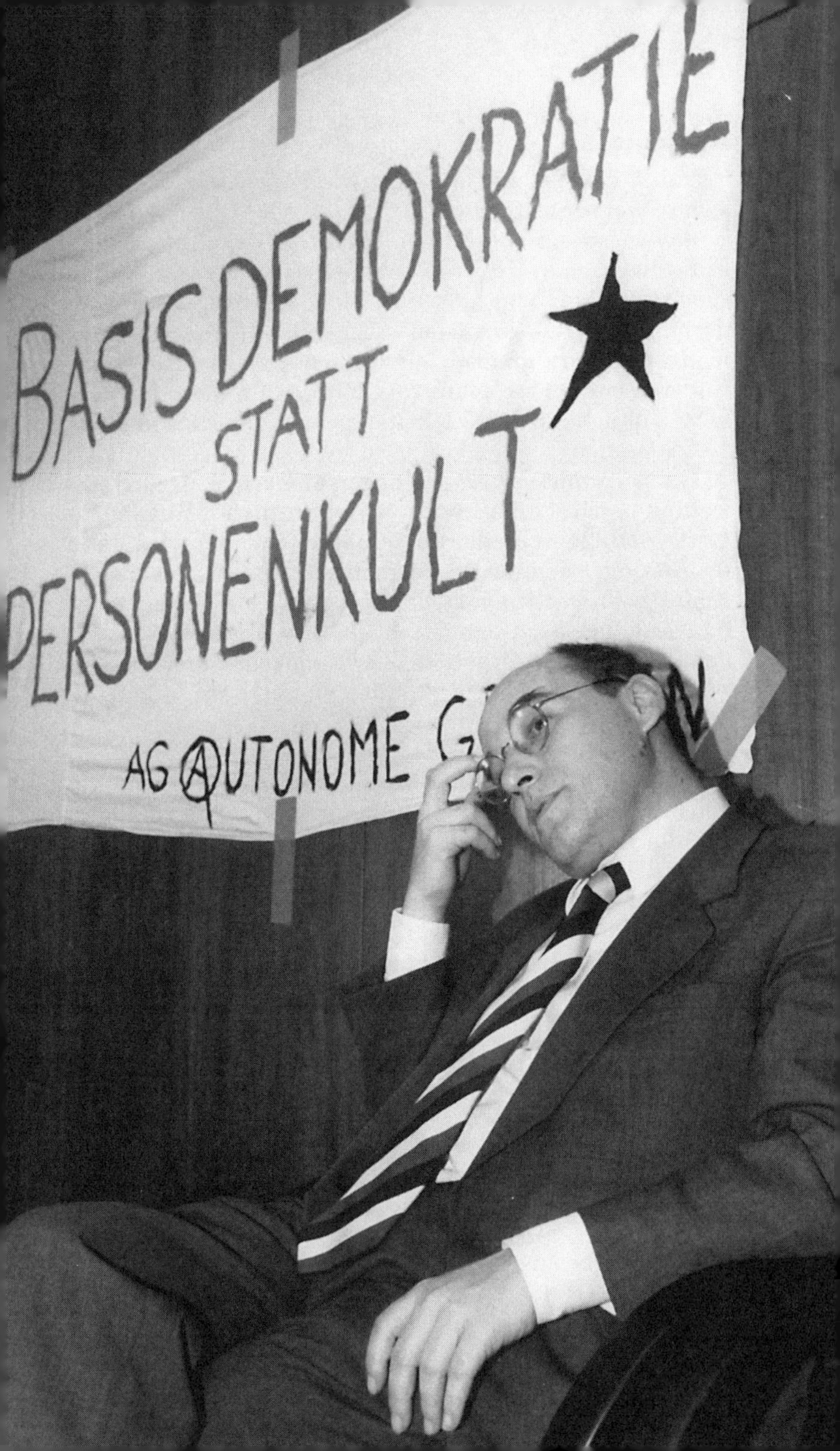
BASIS DEMOKRATIE
STATT
PERSONENKULT
AG AUTONOME

Spezialknast. Im Mai 1992 wurde die PDS dort stärkste Partei. Wie erklären Sie sich das?«

Frau Dr. Popps Hand zittert wie Espenlaub. Sie hatte sich so viel vorgenommen.

»Soll ich so was abbrechen?« fragt Gysi draußen auf dem Fußgängerboulevard. »Sie holen jetzt wieder die Keulen raus. Ein Jahr lang hatte ich Ruhe vor SED-Nachfolgepartei-und Stasi-Vorwürfen. Aber seit dem Wahlergebnis in Brandenburg fangen sie wieder mit diesem Zeug an.« Andererseits müsse man wohl mit der Presse reden, die hätten ohnehin Schwierigkeiten genug, die PDS ins Blatt zu bekommen.

Gysi bekommt von einem jungen Menschen, der sich sowohl in der Kuba-, als auch in der Kurdistan-Hilfe engagiert, eine kleine Papierfahne überreicht und wird dann ins Kitzinger Fastnachtsmuseum geführt, wo er Hans-Joachim Schumacher vom *Bund deutscher Karneval* kennenlernt und auch den Strohbär, den Huddelbätz sowie den Rummelspott. Zwischen den Karnevalsfiguren, in dem kühlen, muffigen Turm schaltet er das einzige Mal an diesem Tag ab.

Es folgt ein Interview für den *Bayerischen Rundfunk* und eine Brotzeit in einer kleinen Weinkellerei, wo Gysi den anwesenden Unternehmern und Weinbau-Funktionären die mittelstandsfreundlichen Ziele seiner Partei erläutert. »In der Leitungsebene der PDS arbeiten 20 Prozent Unternehmerinnen und Unternehmer. Damit sind wir besser als die FDP.« Gysi plaudert charmant, lobt den Frankenwein, kriegt eine Flasche und vielleicht ein, zwei Stimmen.

»In Bayern wie überhaupt im Westen sind sie immer nett zu dir, wenn du prominent bist«, sagt Gysi auf der Fahrt nach Würzburg. Leider sei er fast der einzige Prominente seiner Partei. Rhetorisch begabter Nachwuchs ist nicht in Sicht. So muß er vieles allein machen. Dreimal saß er auf dem »heißen Stuhl«, dreimal bei Böhme im »Turm«, Gysi könnte jeden Tag irgendwo im Westen auftreten. Im Osten sowieso. Würde er auch machen, wenn sein Privatleben nicht »völlig weggebrochen« wäre. Bis 1998 will er für die Partei da sein. Dann wieder als Anwalt arbeiten oder was ganz anderes machen.

In Würzburg gibt es eine Pressekonferenz, zu der ein einziger Journalist erscheint, dem Gysi erklärt, daß sich seine Partei von den Grünen und der SPD vor allem unterscheide, daß sie noch nicht vereinnahmt sei. Eine Stunde später fragt ihn der Moderator von *TV-Würzburg* in einem kurzen Studiogespräch »leider wieder nur nach dem Osten«, wie sich Gysi anschließend beklagt. »Da kann ich immer nur rüberbringen, daß ich kein Menschenfresser bin.« Ist ja auch was. In einer Würzburger Straßenumfrage des Senders bekannten sieben von acht Passanten, daß sie Gysi nicht gut fänden. Der achte kannte ihn nicht.

Im Hinterstübchen eines Restaurants findet ein Gespräch mit einem Haufen unbedeutender Wichtigtuer statt, die PDS-Schlauchbootverkäufer Grünwedel als Honoratioren der Stadt angekündigt hat. Gysi wird nicht warm, wirkt müde, doch eine halbe Stunde später läuft er wieder auf Hochtouren.

Trotz Regen und Europacupspiel ist der Wolfskeelsaal der Festung Marienberg knüppeldickevoll. Gysi bedankt sich bei den 600 Leuten mit einer zündenden Ansprache. Er kritisiert Maastricht und die 40jährige Alleinherrschaft der CSU, deren Länge er als DDR-Bürger einschätzen könne, erklärt, daß er bei den meisten Bonner Politikern prophezeien könnte, was aus denen in der DDR geworden wäre, und behauptet, daß es niemals eine rot-grüne Koalition geben werde, weil die Sozialdemokraten im Falle einer Krise dann keinen Reservepartner hätten. »Wenn es mit den Grünen zu Ende geht, müßte die SPD ja uns fragen. Können Sie sich das vorstellen?«

Es sei ein Unding, daß Autofahren in Berlin billiger sei als Busfahren. Er würde sehr gern in einem subventionierten Bus zur Arbeit fahren und dabei gemütlich eine Tasse Kaffee trinken. »Wer soll denn den Kaffee bezahlen?« ruft ein junger Mann. »Na ich«, sagt Gysi. »Deswegen sollen Sie mich ja wählen.« Er wechselt vernünftige Argumente mit abstrusen, sonderbaren Schlüssen, er streichelt sein Publikum, bis es ihn liebt. Wenn es soweit ist, läßt er die Korken knallen. »Der Kanzler, der ja auch mein Kanzler ist, obwohl ich bezweifle, daß er das weiß, der Kanzler also sagt jetzt immer mal wieder einen seiner berüchtigten Sätze: ›Ich will es noch einmal wissen!‹ Ich finde, wir sollten dafür sorgen, daß er es auch erfährt.«

Gysi verläßt mit glänzenden Augen den Saal. »Tausend Stimmen wollen wir in Würzburg kriegen? Die Hälfte haben wir jetzt«, sagt er. Und fährt nach Bonn zurück. Begleitet von seiner gutfrisierten Referentin und dem Bundestagsfahrer, der jeden fährt, den er zugeteilt bekommt.

Daniel in der Löwengrube

Der Politiker Thomas Krüger zwischen
Anarchie und Anpassung

Manchmal hängt die Gefahr auf einem Kleiderbügel. Als
kariertes Sakko, sagen wir mal. Natürlich findet man es
affig, wie es da so rumhängt, so kariert. Anprobieren ko-
stet nichts. Peng. Na ja, immer noch ein bißchen affig, aber
so affig nun auch wieder nicht. Nur die alte Hose paßt
jetzt nicht mehr. Und die Schuhe sehen plötzlich klumpig
aus und so abgestoßen. Selbstverständlich muß man sich
das jetzt mit einem passenden Hemd und einer Krawatte,
meinetwegen einer grellen, poppigen, vorstellen. So. Ja,
gar nicht mal schlecht. Aber was machen wir nun mit dem
Bart? Ab? Niemals! Vielleicht ein bißchen stutzen. Damit
man wenigstens den Krawattenknoten sieht.

Zu unserem ersten Treffen in dieser Woche erscheint nur
ein Teil von Thomas Krüger. Der Berliner Jugendsenator
schaffte es aufgrund einer wichtigen Senatssitzung nicht
zur Pressekonferenz ins Rote Rathaus, auf der der Umzug
des Hauptsitzes des Kinderhilfswerkes von München
nach Berlin bekanntgegeben wurde. So mußten die Anwesenden mit dem Vorsitzenden des Kinderhilfswerkes, Wilhelm Schmidt, vorliebnehmen. Von »aktuellen kinderpoli-
tischen Fragen« ist die Rede, von »parteiübergreifenden
Initiativen«. Mehrfach nennt das SPD- und Bundestags-
mitglied Wilhelm Schmidt die Dinge »ganz bewußt« und
»ohne Zurückhaltung« beim Namen, besonders wenn er
CDU und FDP kritisiert. Thomas Krüger ist nur als Zitat
zugegen. »Senator Thomas Krüger wörtlich:« steht auf der
Mitteilung der Pressestelle. Und dann: »Mit dem Deutschen Kinderhilfswerk hat sich eine der wichtigsten Orga-
nisationen, die sich für die Rechte der Kinder einsetzt,

entschieden, ihren Hauptsitz in die deutsche Hauptstadt zu verlegen. Das ist ein wichtiges Signal für die wachsende politische Bedeutung, die das Ringen um die Berücksichtigung von Kinderinteressen in unserer Gesellschaft bekommt.«

Wenn man drei Jahre lang Politik mache, gäbe es natürlich Rituale, meint Krügers Pressesprecher Thorsten Schilling. Es gäbe Sachen, die einfach dazugehören. Sachen, über die man nicht mehr groß nachdenkt. Und auch die Sprache passe sich da selbstverständlich an.

Es ist ein fröhlicher, jungenhafter Krüger, der am nächsten Morgen in seinem Büro sitzt. Wenn man in die schrägen, grauen Augen guckt, kann man glatt übersehen, daß der Anzug neu ist und der Bart kürzer. Krüger hat ein paar Bücherschränke seiner Vorgängerin rausgeworfen und ein riesiges Bild angehängt, das vielleicht »Frauenbildnis«, vielleicht »Engelsgesicht«, vielleicht aber auch ganz anders oder überhaupt nicht heißt. Krüger weiß nur, daß es von Wolfram Scheffler ist. Er hat es aus der Berliner Galerie mitgebracht, wo sich Senatsmitglieder Kunstwerke ausborgen können.

Es ist halb zehn. Draußen vorm Fenster ist es grau, im Vorzimmer grummeln die ersten Gäste, Krügers Arbeitstag beginnt. Der Senator schaut kurz auf seinen Terminplan. »Dit ist jetzt die Landesarbeitsgemeinschaft für kulturelle Bildung, wa?« fragt er sich und beschließt: »Die wollen Geld haben.«

Das stimmt nur fast. Denn richtig heißt es *Landesvereinigung für Kulturelle Jugendbildung Berlin e. V.*, und die drei Leute, die nun in seinen Ledersesseln sitzen, wollen vor allem einen Raum, in dem sie als »Schnitt- und Anlaufstelle« wirken können. Lutz Linke vertritt die LAG *Kunst Schulen* und findet in der Kulturpolitik zur Zeit »jede Menge Bedenklichkeit«, Judith Pfennig kommt vom *Netzwerk Spiel/Kultur* und hofft »daß das *AFT* nicht hinten runterfällt«, und Richard Schubert sitzt für die AG der Rockinitiativen mit am Tisch. Thomas Krüger nickt. Auch er habe sich in der Vorwende als Vikar mit Rockmusik be-

schäftigt. »Wir hatten da 'ne Punkband, die hieß ›Schlimme Limo‹.« Richard Schubert lacht kurz und schrill.

Die drei Gäste erzählen von Lücken, die es zu schließen gilt, und von komplizierten Strukturen. Krüger hat die Linke in den Bart gestemmt und hört aufmerksam zu. Ab und zu wirft er »exterritorial!« ein, »das ressortiert bei der Jugendhilfe« oder »wir müssen die Kulturdinger im Jugendbereich andocken«. Als Richard Schubert die Dinge »etwas vorantreiben muß« und um Unterstützung bei der Raumsuche und -finanzierung bittet, verspricht Krüger: »Wir können das in der Verwaltung ja mal durchdeklinieren.« Allerdings sei er immer ein bißchen vorsichtig, was die »Förderung von Logistik« angehe. Ja, gesteht Judith Pfennig traurig, so habe man auch diskutiert. Jugendsenator Thomas Krüger lächelt sie aufmunternd an und rät: »Schreibt doch einfach mal an den Unterausschuß Jugendarbeit des Landesjugendhilfeausschusses.« »An wen?« fragt Richard Schubert. Krügers gelbe Krawatte baumelt zwischen grauen Flanell-Hosenbeinen. Es ist so eine poppige, grelle mit Keith-Haring-Männchen drauf.

Wenn man drei Jahre lang Politik mache, werde man natürlich abgeklärter, sagt Pressesprecher Thorsten Schilling. Er kann sich noch gut daran erinnern, wie ihnen früher immer fast die Tränen kamen, wenn irgendein freier Träger erklärte, daß er fast am Verhungern sei. Sie haben erst nach und nach erkannt, daß da viel Theater dabeigewesen sei.

Krüger sitzt vorn im Präsidium, als hätte er nie was anderes getan. Der Schlitzblick, der die Runde der Jugendstadträte abfährt, kennt keine Angst. Und der kleine Kopf, der aus dem struppigen Bart wächst, denkt jetzt nicht an früher. Früher – vor zwei Jahren –, als fremde Zahlenfolgen, unhandliche Abkürzungen und lange Genitivketten ihn wie Geschosse trafen. Kaum hatte er sich erklären lassen, was EKT hieß, schlug 249h unerbittlich ein oder BEA oder LEAK. Gut, Krüger hatte nach dem Abschluß seines Theologiestudiums als Stadtrat für Inneres im Ost-Berliner Magistrat gesessen, aber das hier war doch was anderes. Er bekam es mit Leuten zu tun, die aussahen und redeten, als hätten sie ihr gesamtes Leben in der Jugendverwaltung zugebracht. Besonders in den Sitzungen mit den Berliner Jugendstadträten habe er sich oft gefühlt wie »Daniel in der Löwengrube«.

Thomas Krüger entschuldigt sich für den fehlenden Kaffee. Theda von Wedel, Jugendstadträtin aus Zehlendorf drückt eine Kippe aus und setzt sich erbost um, weil Helmut Borchardt, Jugendstadtrat aus Kreuzberg, eine spöttische Bemerkung übers Rauchen machte, Peter Siele aus Wilmersdorf, von einigen spöttisch »Petersilie« genannt, probiert das erste Mal seinen verächtlichen Gesichtsausdruck. Der Vertreter aus Friedrichshain öffnet seinen Füllfederhalter. Man kann kaum glauben, daß die Runde über Jugendpolitik diskutiert. Angegraute Herrschaften mit bierernsten Gesichtern, die bis auf drei, vier Ausnahmen jeden einigermaßen vernünftigen jungen Menschen in die Flucht schlagen würden.

Krüger wirkt da vorne wie ein Jungrevolutionär. Er kämpft sich durch die Tagesordnung, pariert Gegenfragen, läßt sich nicht provozieren und bringt jeden Satz zu Ende. Mitunter scheint es, als fehle ihm da hintenraus ein Verb, doch dann schießt er aus der Hüfte ein »terminologisieren«, ein »problematisieren« oder »ventilieren« ab. Sie finden sich wieder auf dem Block des Friedrichshainer Kollegen, der eben, inzwischen beim dritten Blatt angelangt, in der Wortgruppe »mittelfristiger Rationalisierungseffekt« aus unerfindlichen Gründen das Wort »mittelfristiger« unterstreicht.

Krüger betrachtet Politik als Inszenierung. Er weiß, »daß sich Frau von Wedel von den Sozis aufregt, wenn Siele von der CDU zu lange quatscht. Die spielen hier ihr parteipolitisches Spielchen«. Und Krüger spielt mit. Er spielt Politiker. Er hat sich die Gesten abgeguckt und macht sie nach. Er legt sich die rechte Hand auf den Tisch und macht mit der linken den offenen, wegwerfenden Schwinger, ballt sie kurz und öffnet sie für die Kralle, die er vor der Brust nachdenklich hin- und herpendeln läßt, er holt sich die rechte Hand dazu und spreizt beide, sonnengleich, mit nach außen gerichteten Fingerspitzen. Er ruft Peter Siele zu: »Werden Sie bitte nicht unseriös, Herr Siele«, als dieser in der Debatte um die Übertragung der Jugendwerkheime in freie Trägerschaft ein »Stück aus dem Tollhaus« zu erkennen glaubt. Und als sich der Sitzungssaal nach zweieinhalb Stunden merklich geleert hat, sagt Krüger nicht: »Wir müssen zum Ende kommen.« Er sagt: »Wir sollten den Diskussionsprozeß jetzt wirklich etwas strukturieren.« Man versteht ihn. Punkt – macht der Vertreter aus Friedrichshain und schraubt seinen Federhalter zu.

Krüger habe die Amtssprache ziemlich schnell geknackt und operiere jetzt damit, sagt Pressesprecher Schilling. Mitunter würde er es allerdings auch übertreiben und »Unwörter« benutzen. »Bedarfe« beispielsweise. Was so etwas Ähnliches wie Bedürfnis heißen soll.

Es ist viertel fünf, Krüger hat Rippchen gegessen, Akten gemacht und kann sich im Augenblick eigentlich nur fragen, wie oft er Frau Gerstel die Sache denn noch erklären soll. Karin Gerstel redet. Sie sitzt bei der Landeselternvertretung der Kitas im Vorstand und will ihm und den anderen Verwaltungsmitgliedern am Tisch weismachen, daß man in ihrem Bezirk Spandau auf keinen Fall mehr Kinder als bisher in eine Gruppe nehmen kann. Auf gar keinen Fall. Für einen kurzen Augenblick schwenken Krügers gutmütige Augen zu den trägen Zeigern der Wanduhr. »Um es mal ganz deutlich zu sagen, Frau Gerstel«, bringt Krüger die kleine energische Frau zum Schweigen. »Mit der Erhöhung der Gruppenfrequenz in den Kitas von 15 auf 18 Kinder schaffe ich im nächsten Jahr 2 500 zusätzliche Kita-Plätze. Darüber freue ich mich. Das ist ein Erfolg. Und wer das nicht so sieht, ist meiner Meinung nach kleinkariert.« Karin Gerstel schnappt nach Luft. Dann sagt sie: »Das sehe ich nicht so, Herr Krüger.«

Und weiter redet der Senator von Einstiegsentscheidungen, die den Prozeß der Diskussion in Gang bringen sollen, von Faltblättern, die es seit kurzem gebe, von Erzieherschlüsseln. Und auch die anderen am Tisch reden auf die störrische Elternvertreterin ein: Herbert Wiechatzek, Referatsleiter, Robert Schock, Mitarbeiter für pädagogische Grundsatzangelegenheiten. Die Argumente spinnen sie ein, die Vernunft des Amtes schließt sich langsam, aber sicher um die verzweifelt redende Frau. So lange, bis allen am Tisch, und wohl auch Frau Gerstel selbst, klar ist, daß sie unrecht hat. In äußerster Enge ruft sie:»Wenn Sie wenigstens zugeben würden, daß Sie die politischen Umstände zu dieser Entscheidung zwingen, wäre ich ja ruhig, Herr Krüger. Aber, daß Sie mir Ihre Sparpläne noch als Erfolg verkaufen wollen, empfinde ich als Frechheit.« Es ist zu spät. Das Amt hat sie gefressen und spuckt sie später wieder raus auf den Gang. Halb verärgert, halb zufrieden, Dampf abgelassen zu haben.

Er habe auch nach drei Jahren keine Veränderungen an Krüger feststellen können, sagt Pressereferent Schilling. Nuancen seines Charakters seien deutlicher geworden, wenn die Nerven blank lagen. Er sei ein Pragmatiker, ein intelligenter Pragmatiker. Jemand, der Freude hat, den Kompromiß auszureizen. Man könne ihn auch einen Opportunisten nennen, wenn man wolle.

Es wird dunkel draußen. Man fragt sich, ob es schon der Abend ist oder noch der Regen. Oder vielleicht sind's die bläulichen Plasteplanen, die wegen Fassadenarbeiten vorm Haus hängen.»Die sind schrecklich«, sagt Giesela Kayser. »Man kommt sich vor, als schaue man in eine künstliche Welt.« Giesela Kayser kam von Lea Roshs Talkshow in die Jugendverwaltung und wurde Krügers persönliche Referentin. Damals, als Krüger noch unmögliche Hosen mit unmöglichen Jacketts kombinierte und dazu unmögliche Krawatten trug.»Dieses Jungenhafte, Störrische, der andere Blick war ja auch das, was mir so an Krüger gefiel. Ich meine, er hat es ja heute immer noch. Aber die Zeiten sind schon ziemlich schwierig geworden. Und der Druck, der auf Krüger lastet, dieser Spardruck ist unwahrscheinlich hoch.« Wir sitzen unter einem anderen, fürchterlichen Gemälde, das sich Krüger ausgeborgt hat. Ein schwarzer Adler, der von einem großen ekligen Fleischstück umrahmt ist.

Krüger habe in all den Jahren einen neuen Stil seines Outfits entwickelt, sagt Pressereferent Schilling, korrigiert sich. Na ja, Stil könne man es vielleicht nicht nennen, Stil habe er nicht. Bewußtsein träfe es wahrscheinlich besser. Diese unmöglichen Klamotten und auch den Bart hätten viele sogar als Provokation verstanden. Dann haben ihn Sekretärinnen mal in ein Modehaus geschleppt und das Zeug gekauft, von dem Politiker glauben, es sei angemessen. Auch diese eigenartigen karierten Jacketts, mit denen jeder zweite Verwaltungsbeamte rumläuft, seien dabeigewesen. Inzwischen binde sich Krüger auch mal eine selbstausgesuchte Krawatte um. Die gelbe zum Beispiel.

Irgendwann, es muß Jahrzehnte her sein, führten Krüger und Schilling in einer leerstehenden Leipziger Fabriketage eine Art Performance auf. Sie nannten es »Beiwerk« und fanden es gut. Die beiden kannten sich seit ihrer Armeezeit. Sie waren Straßenschauspieler in Budapest, führten Heiner-Müller-Stücke in einer Berliner Kirche auf, wurden durch die Wendezeit irgendwie in die Politik gespült, hatten eine wilde Zeit im Innenressort des Roten Rathauses und blieben zusammen. Sie sitzen heute weit weg vom Schuß, in einer ruhigen Berliner Straße, die »Am Karlsbad« heißt, in der Senatsverwaltung für Jugend und Familie. Manchmal denken sie an die alten Zeiten, aber ganz selten. Wenn sie über einer Vorlage sitzen, Sachen in verquastem Beamtendeutsch zu Papier bringen und ihnen dann plötzlich einfällt, was sie schon für Dinger abgezogen haben, müssen sie lachen.

Auf dem Parteitag, auf dem sich die ostdeutsche SDP in SPD umbenannte, warnte Krüger seine Genossen in einer flammenden Rede: »Wollt ihr heute schon Kofferträger der westdeutschen Sozialdemokratie werden?« Krüger lacht sich halbtot, wenn er die Geschichte erzählt. »Damals«, gesteht er, »war ick noch ein richtiger Radikalinski.« Nun, an einem Spätsommerabend 1993 in einer griechischen Eckkneipe sagt er: »Ich fühle mich in der SPD sehr wohl, sehr zu Hause.« Und: »Ich bin sehr gern Politiker.«

Draußen im Regen wartet sein Fahrer. Er hatte ihn für neun bestellt. Es ist halb zehn. Krüger fährt sich durch den Bart. Der wirkt jetzt sehr gepflegt. Aber noch ist er dran.

Der Herbstrevolutionär
im Beamtenkleid

Gelegentlich will Joachim Gauck der Welt
beweisen, daß er nicht so staubig ist wie die
Akten, die er zu verwalten hat

Vorne auf der Bühne explodiert gerade Regine Hildebrandt. Ihr kleiner Kopf hüpft auf dem Kostüm, und der
Zeigefinger sticht ins Publikum. »Jeder kleine IM iss jetzt
der große Buhmann. Na Hilfe!« Es grummelt. Zustimmen-
des Grunzen, wegwerfende Handbewegungen. Der Moderator zieht seinen Kopf ins Sakko. Gauck macht ganz kurz
den Mund auf und wieder zu. Dann starrt er weiter an die
Decke. Er wußte ja, was ihn erwartet. Er hat sich fest vorgenommen, ruhig zu bleiben.

Der kleine, gemütliche Musikclub des Berliner Schau-
spielhauses ist gut gefüllt. Lothar de Maiziere sitzt im
Publikum, Hans-Otto Bräutigam, Helga Königsdorf und
Wolfgang Thierse. Auch ein paar Journalisten sind zu dem
Streitgespräch zwischen Joachim Gauck und Regine Hild-
ebrandt über das Für und Wider der Stasi-Akten-Schließ-
ung gekommen. Regine Hildebrandt ruft: »Ick hab' keine
Akteneinsicht beantragt, ick hab' keine Zeit für so wat.«
Gaucks Mund geht lautlos auf und zu.

Dann spricht er. Verglichen mit der aufgescheuchten
Sozialministerin fließt seine Rede ruhig und gelassen.
Seine Stimme kennt keine Höhen und Tiefen, vor allem
kennt sie keine »ähs«. Kein einziges »äh«! Dafür tummeln
sich in Gaucks Ansprachen würdevolle Substantive wie
»Begrifflichkeit«, »Beauskunftung« und »Schriftgut«. Gern
bringt er auch englische Wörter ins Spiel, »essential« und
»appeasement« und »mainstream«. Und immer wird zitiert.
Havel, Bonhoeffer, Jaspers. Gauck will kleine Glanzlich-
ter setzen. Wenn der Inhalt staubig ist, poliert er die Form;
er wienert die Sprache, bis sie angemessen schimmert. »Jeder sollte erkennen, wie wir gelebt worden sind«, sagt er.

Regine Hildebrandt erzählt, wie sie von der Volkspolizei schikaniert worden sei, weil ihr langer Name nicht in die Formulare paßte. »Die haben mich in meiner Würde mehr verletzt als mancher IM.« Im Publikum wird gelacht. Gauck verzieht keine Miene. Auf diesem Niveau will er sich eigentlich nicht unterhalten, aber scharf zurückschießen darf er nicht. Also lächelt er. Das Gauck-Lächeln. Er tut ein bißchen Ironie hinein, ein wenig Selbstbewußtsein, einen Schuß Allwissenheit und eine Prise Selbstzufriedenheit. Er lächelt und wartet. Das hat er in letzter Zeit häufig getan.

Dem Bundesbeauftragten für die Stasi-Unterlagen und seiner Behörde blies in den vergangenen Monaten der Wind heftig ins Gesicht. Die plötzlich, scheinbar beliebig und doch immer irgendwie pünktlich auftauchenden Informationen zu Stolpe, Wehner und Kutzmutz nährten die prominenten Stimmen, die die Aktenschränke zumindest ein Superwahljahr lang abschließen wollen. Zwar hat Schorlemmer sein »Freudenfeuerwort« inzwischen zurückgezogen, und auch der Bundeskanzler hat es wohl nicht so gemeint, als er von »üblen Gerüchen« im Aktenberg sprach, doch es blieb ein unscharfes, zitterndes Bild vom Racheengel Gauck zurück. Gauck, der unbarmherzige Stasi-Jäger, der Stolpe zum Duell fordere, Gauck, der unbeherrschte Beamte, Gauck, für den die ganze Wahrheit in den Akten stehe.

Ein bißchen von diesen Vorurteilen liest er auch in den Augen des Publikums da unten im Musikclub. Bei Wolfgang Thierse, der das Stasi-Unterlagen-Gesetz »novellieren« will, weil er findet, »daß die Mutter nicht darunter leiden darf, daß die Tochter gut schwimmen kann«. Beim Bürgerrechtler Dr. Fischbeck, der zwar gegen die Schließung der Akten ist, aber sagt: »Die im Westen verbreitete Meinung, die Ostler hätten sich doch alle irgendwie eingelassen, ist doch ein Ergebnis der in die Irre gegangenen Stasi-Debatte.« Bei Hans-Otto Bräutigam, der zu bedenken gibt: »Die Folgen für den normalen IM stehen oft in keinem Verhältnis zu seiner Schuld. Sie werden ihn ein Leben lang begleiten. Das Prinzip der Verjährung gibt es nicht.«

Gauck stellt sein Lächeln ab und redet. Davon, daß die »Fälschungstheorie« der Stasi-Akten »wissenschaftlich widerlegt« sei, davon, daß nur ein Prozent der DDR-Bevölkerung IM gewesen sei. »Wir waren kein Volk von Verrätern.« Er beteuert, daß auch ihn mitunter die »Blindheit und Rigidität der Behörden« beim Umgang mit seinen Auskünften ärgert. »Aber vergessen Sie bitte nicht: Nicht ich, Joachim Gauck, befinde über gut und böse. Ich handele auf der Grundlage und im Auftrage eines Gesetzes. Und ich kann, ich darf gar nicht entscheiden, wer ein guter und wer ein schlechter IM gewesen ist.« Regine Hildebrandt hustet noch zwei-, dreimal wie ein kranker Motor. Gauck schaut triumphierend in den Saal und sagt abschließend: »Wahrheit befreit.«

»Wat?« brüllt die Sozialministerin. »Ihre Wahrheit befreit überhaupt nicht. Die verunsichert. Ick will ja nicht vom Stolpe-Fall anfangen.«

Gaucks Mund geht auf. Und diesmal sagt er was. »Das können Sie gerne. Das Verfahren, daß er gegen mich angestrengt hat, ist ja nicht gerade zu meinen Ungunsten ausgegangen.« Sein Lächeln fällt eine Spur zu selbstgefällig aus.

Der große Saal des Magdeburger Innenministeriums ist proppenvoll. Oberst Manfred Blume begrüßt die ungefähr 500 Gäste seiner Bundeswehr-Kommandantur zur Veranstaltung »Aufarbeitung der Stasivergangenheit – Überflüssige Last oder Gewinn?«. Und besonders herzlich den Referenten Joachim Gauck. Während der Oberst durch seine einleitenden Worte stolpert, taxiert Gauck in erstklassiger militärischer Haltung sein Publikum. In den ersten Reihen ausschließlich Uniformträger, dahinter Honoratioren aus Sachsen-Anhalt.

Es könnte ein Geschichtenabend werden. Gauck ist ein erstklassiger Geschichtenerzähler. Doch zunächst breitet er den offiziellen Teil aus. Wie ein Museumsführer begleitet er das Magdeburger Publikum symbolisch durch seine Behörde. Er nennt Zahlen von Mitarbeitern, gestellten und bearbeiteten Anträgen und bringt das oft bemühte

Bild von den »180 Kilometern Schriftgut«, die man verwalte.

Fünfmal regnet es »Begrifflichkeit«, viermal das »Oben-unten-Problem«. Gauck setzt die verschnörkeltsten Sätze zusammen wie ein Puzzle und findet mühelos das letzte Teil. »Es gibt eine Neigung zur Vergesellschaftung allerprivatester Angelegenheiten, die die positive Rezeption unseres Gesetzes mindert.« Seine schwerfällige Rede legt sich beruhigend auf die Zuhörer, bis diese, wie nach einem schweren Essen, satt und müde in den Sesseln hängen. Jetzt ist die Zeit für spannende Geschichten aus dem Stasi-Füllhorn.

Es gab einmal ein junges Mädchen, das eine überzeugte Kommunistin war. Die Stasi überredete das Mädchen, sich taufen zu lassen, Theologie zu studieren und schließlich Pastorin zu werden. Immer im Auftrag der Staatssicherheit. Nach der Wende verließ die Frau die Kirche, um in einer Wachschutzfirma unterzukommen. »Ohne die Akten«, folgert der Erzähler, »würde die Frau wahrscheinlich heute noch das heilige Abendmahl reichen.« Es ist still im Saal. Gauck genießt die Andacht und macht eine effektvolle Pause.

Zur Auflockerung gibt's die Geschichte des IM, der beim Betriebsvergnügen spionieren soll, seinem Führungsoffizier später aber mitteilen muß, daß er zu betrunken gewesen sei, um sich an etwas zu erinnern. Lachen im Saal, Schmunzeln bei Gauck. Gute Geschichte. Jetzt was Skurriles. Der junge Mann, der aus dem Kirchenvorstand zurücktrat, weil man in seinem Dorf »glaubte«, er sei IM gewesen, obwohl das nachweislich nicht stimmte. Gauck erzählt seine Stories wie Witze, wie Anekdoten.

Zum Schluß gibt es die Geschichte, die illustrieren soll, »daß in den Akten nicht nur Schlechtes, sondern auch sehr viel Positives« zu finden sei. »Diese Geschichte«, sagt Gauck, »erzähle ich immer.« Es gab also einmal eine Genossin, die die Stasi als informelle Mitarbeiterin anwerben wollte. Es findet ein Gespräch statt, in dem die Frau nicht den Mut zu einem klaren Nein aufbringt. Sie verbringt eine schlaflose Nacht und kommt schließlich auf eine famose Idee. Am nächsten Tag erzählt sie ihren Kollegen in der Kantine: »Stellt euch vor, welches Vertrauen die Genossen jetzt in mich setzen. Sie wollen mich sogar als Mitarbeiterin für die Staatssicherheit gewinnen.« Sie hat sich »versehentlich« dekonspiriert und ist nicht mehr IM-tauglich.

Gauck zieht die Regler noch mal voll auf. »Die junge Frau hat, ohne nein zu sagen, nein g e t a n. Das ist Zivilcourage. Ich danke Ihnen.«

In diesem Moment wäre wohl selbst ein unenttarnter IM im Saal gegen die Schließung der Akten. Oberst Blume bemerkt: »Ich denke, daß dieser Vortrag alle tief berührt hat, und wen dieser Vortrag nicht tief berührt hat, der muß sich fragen lassen, äh, was ihn überhaupt tief berührt.« Gauck kriegt das Buch »Deutscher Übungsverband Somalia« überreicht.

Auf der Couch in Gaucks Chefzimmer hat mal Regine Hildebrandt gesessen, um ihn davon zu überzeugen, daß Stolpe unschuldig ist. Gauck lacht. Er mag an Regine Hildebrandt, »daß sie ihr Schicksal nicht demütig hinnimmt. Aber sie glaubt irgendwie, daß ganz Brandenburg zusammenbricht, wenn Stolpe geht.« Gauck sagt, daß ihn an dem Mann nicht störe, was er getan habe, sondern, wie er sich heute dazu verhält. »Stolpe ist ein Opfer seiner Persönlichkeitsstruktur.« Fadenscheinige Inszenierungen statt offener Worte. Als Gauck dann von Diestel spricht, schaltet sein Pressesprecher mein Diktiergerät ab.

»Der Herbst 89«, sagt Gauck, »war die allerschönste Zeit meines Lebens. Wir haben in Rostock die Montagsdemos bis zum Januar durchgezogen und als Nachschlag den Bürgermeister gestürzt. Ach, ja. Und was wir dann in der Volkskammer gemacht haben, wie wir dieses Gesetz durchgeboxt haben. Das war toll. Das ist doch das, was wir einzubringen haben. Wir müssen den Menschen zeigen, daß sich Zivilcourage lohnt. Mich macht das wütend, wenn ich sehe, wie sich die gebeutelte Ostmentalität und die verwöhnte Westmentalität heute die Hände reichen. Das produziert Menschen, die sagen: Ach Gott, was soll man denn machen. Diese Struktur des Todes ist mir so was von zuwider.« Ein leidenschaftliches Plädoyer.

Andauernd rebelliert es im Bundesbeauftragten gegen die Beamtenfassade. Immer wieder versucht der Pastor, der Herbstrevolutionär, der wütende, fühlende, sinnliche Mensch Gauck, aus dem grauen Beamtenanzug auszubrechen. Wenn er »essential« sagt und Havel zitiert, wenn er seine Geschichten aus den Akten erzählt, spannend und pointiert, zwinkert er den Leuten zu: Hallo, ich bin kein langweiliger Beamter. Ich hab' Feuer unterm Hintern. Wenn er einen das erste Mal ansieht, klingelt das schlechte Gewissen Sturm. Dieser Blick. Als gebe er den Namen seines Gegenübers in einen kleinen Computer, den er unter der breiten Mecklenburger Stirn trägt. Klick, Klick, Klick. Gibt's da was? Haben wir ein paar Daten über den? Man hat das Gefühl, er geht zum Aktenschrank, wenn man aus der Tür raus ist. Ein Bekannter hat mal gesagt: »Sie sollten Freya Klier auf Gaucks Stuhl setzen, das wäre konsequent.«

Gauck ist nicht der staubtrockene, nüchterne Beamte, den das schwierige Amt verlangt. Und eigentlich weiß er das. »Ach wissen Sie, ich bin ein Mensch, der gestalten will, eingreifen, und nicht hinterher Urteile abgeben«, antwortet er auf die Frage, wieso er kein Buch schreibt.

In dem kleinen Hörsaal, der Warschauer Universität, in dem Gauck an einem kalten Winternachmittag auftritt, sitzen Solidarność-Veteranen, ein paar Studenten, Wissenschaftler und Journalisten.

Die Frau neben mir öffnet ihre Tasche und zieht einen Stapel Akten heraus. Es sind Stasi-Akten, oben steht etwas von Rostock. Geschwärzt ist nichts. Die Frau zeigt die Akten ihrem polnischen Nachbarn. Die beiden tuscheln angeregt. Dann reicht der Mann die Akten weiter an seinen Nachbarn. Die Frau ist Journalistin. Es ist Joachim Gaucks Freundin.

Vorn auf dem Podium erklärt Joachim Gauck gerade, warum es so wichtig ist, ein Gesetz für die Stasi-Unterlagen zu haben.

Stimme ohne Radio

Der ehemalige Star-Moderator Lutz Bertram
würde gern bereuen – aber was eigentlich?

Es ist dunkel, es ist eng, und von hier aus kann man nicht
mal den Jaguar sehen, der unten auf dem Parkplatz zwischen den Vectras und Golfs angibt. Das einzig Exquisite
im Raum ist die berühmte, schnarrende Radiostimme. Sie
krächzt und gackert und dröhnt. Sie wirbelt zwischen
phantasievollen Attributen und Verben die Namen von
Politikern, Intendanten, Unterhaltungskünstlern und anderen wichtigen Persönlichkeiten durchs Wohnzimmer.
Sie passen hier nicht her. Und das Radio ist gar nicht ein-
geschaltet.

Lutz Bertram ist nicht mehr auf Sendung. Er tut nur
noch so. Er bastelt sich weiter seine kunstvollen Wortkas-
kaden im Kopf zusammen und spuckt sie aus. Aber er hat
kein Mikrofon mehr. Er sitzt in einem Samtsessel in der
Hellersdorfer Wohnung eines Freundes. Er trägt Socken.

Lutz Bertram hat ein paar schwierige Monate hinter sich.
Nachdem im Januar bekannt geworden war, daß der bekannteste Moderator von *Radio Brandenburg* ein IM war,
nach zwei unglücklichen Erklärungsversuchen in Rundfunk und Fernsehen, kam ein grauer Dienstagmorgen, an
dem Lutz Bertram nicht mehr aufstehen mußte, um zur
Arbeit zu fahren. »Meine Frau ging ins Studio. Und ich
stand in der Tür und war meinen Lebensinhalt los.«

Das war so dramatisch, weil Bertram wirklich aus ge-
waltiger Höhe abgestürzt ist. Aus seinem Blickwinkel.

Bertram kannte den Zustand der Ohnmacht aus dem
Jahre 1978. Und seit 1978 hat er, so eigenartig es klingt,
wieder auf ihn zugearbeitet. 1978 wurde Lutz Bertram
blind. Er hat sein Blindsein bekämpft, indem er es nicht

akzeptierte. »Im Gegensatz zu vielen Blinden konnte ich mich damit nie arrangieren. Deswegen konnte ich auch mit ihren Vereinen nicht viel anfangen. Ich bin anders als sie. Ich finde meine Blindheit jeden Morgen neu zum Kotzen.« Deswegen hat er sich in vielen Rundfunkjahren ein Netz geknüpft, das ihn und andere vergessen ließ, daß er nicht sehen kann. Ein Netz aus Arroganz, Einfluß, Geld und Fans. Er brauchte den Jaguar, obwohl er ihn nicht fahren kann. Er brauchte wertvolle Gemälde, die er nicht sehen kann. Erwin Huber, Manfred Stolpe und natürlich das »liebe Radiovolk« gehörten zum Sicherheitsnetz.

Und dieses mühevoll geknüpfte Netz war an diesem Januarmorgen weg.

Bertram schlug hart auf. Auf Stolpe war so wenig Verlaß wie auf Huber, und der schönste Jaguar nutzt nichts, wenn man mit ihm nirgendwo vorfahren kann. Der gestürzte Moderator bekam nicht ein einziges Angebot. Weder vom öffentlich-rechtlichen noch vom privaten Rundfunk. Die stützende Hand Manfred Stolpes, von der gelegentlich zu lesen war, gab es nicht. Der Intendant des *Ostdeutschen Rundfunks* war in Nöten. Die Hörer gingen nicht auf die Straße, um für ihn zu demonstrieren. Die Unterhaltungskünstler, auch die, über die er seinem Führungsoffizier nie ein Wort verriet, waren empört. Die Kollegen, denen er jahrelang in den Arsch getreten hatte, rieben sich die Hände. Und die Journalisten, selbst die, die früher die Parteitagsreden bejubelt hatten, arbeiteten ihre Vergangenheit an ihm auf. Irgendein einfallsreicher Schreiber entwarf den Slogan: »Sind's die Augen – Geh zu Mielke.«

Bertram ereilten Kreislaufprobleme und schwere depressive Schübe. »Es gab Momente, in denen es für mich nur einen einzigen Weg in die Freiheit zu geben schien. Den in den Tod.« Er fuhr dann aber nach Amerika, nach Kalifornien, um über sich nachzudenken. Jetzt ist er wieder da. Was soll man sagen? Er ist braun geworden.

In der vorigen Woche sollte ein neuer Mensch vorgestellt werden. Erst trat Bertram im Deutschen Historischen Museum auf, um den zweiten Teil seiner Stasi-Geschichte zu erzählen. Er ist als Student zunächst selbst bespitzelt worden, später spitzelte er. Und er redete auch über Rockgruppen, was er im Januar noch bestritten hatte. Bertram war leise, nachdenklich und überlegte manchmal sehr lange, bevor er etwas sagte. Das war der ernsthafte Teil.

Ein paar Tage später folgte das Vergnügen. Eine Talkrunde mit Gregor Gysi und Günther Krause in Beeskow. Gysi war witzig, Krause spielte Klavier. Bertram war laut, selbstbewußt und schnell.

Erstens: Lutz Bertram geht nicht einfach so zur Tagesordnung über. Zweitens: Lutz Bertram ist immer noch ein guter Moderator. Das war zu beweisen. Einen neuen Menschen gab es nicht.

Bertram hat begriffen, daß er sich an die Spielregeln halten muß. Er kann sich nicht breitbeinig aufstellen und mitteilen: Jetzt hört mal zu, ich war bei der Stasi, gut, aber ich finde, ich habe dafür gebüßt, indem ich mich vor euch ausgezogen habe, und außerdem bin ich ein guter Moderator, also laßt mich jetzt, verdammt noch mal, weiterarbeiten. Das macht es schwierig.

Der Egozentriker kämpft gegen den Reuevollen. Überall steht ihm seine Eitelkeit im Weg und bockt. Er möchte gern bereuen, aber was eigentlich? Er weiß auch, daß es unmoralisch war, mit der Stasi zusammenzuarbeiten, aber waren die anderen besser? Er ist überzeugt davon, daß es Leute gibt, die allein aus der Tatsache, daß sie von der Stasi bespitzelt wurden, auf ihre Bedeutsamkeit schließen. Künstler, die die Größe ihrer Kunst am Umfang ihrer Stasi-Akte messen. Er kann sich bei ihnen nicht entschuldigen. Genausowenig wie er vor Journalisten den Betroffenen mimen kann, von denen er weiß, daß sie in der DDR Sachen geschrieben haben, die er nie gesagt hätte.

Er hat für den Geheimdienst eines Landes spioniert, das er langweilig fand. Und er hat für ihn gearbeitet, weil er glaubte, daß er der Beste für den Job war. Er findet, daß er von seiner »Verfaßtheit« eher in ein westliches System paßt. Er ist zu gut, um den Stab über sich zu brechen. Er will wieder Radio machen, aber dafür niemandem in den Arsch kriechen.

Er hat in der »Königsklasse« gekämpft, wie er es nennt, und nun macht sich das Fußvolk über ihn her. Ein ästhetisches Problem. Es geht nicht darum, daß es Journalisten und Politiker sind, die heute das Gegenteil von dem behaupten, was sie gestern gesagt haben. Bertram ist kein Überzeugungstäter. Das Schlimme ist, daß sie es in einem Stil tun, der ihm nicht angemessen scheint. »Ich habe die DDR bewegungslos wahrgenommen«, sagt er. »Jede Parteitagsrede war ein Anschlag auf den guten Geschmack.«

Er sagt, daß er das Fernsehinterview, in dem er stockend und ergriffen erstmals öffentlich über seine Blindheit sprach, »verratzt« hat. »Es sollte eigentlich meine beste Sendung werden. Es ist meine schlechteste geworden.« So denkt Lutz Bertram.

Am Abend nach der letzten Talkshow erklärte ihm Gregor Gysi in einer kleinen Beeskower Kneipe, daß es wohl besser gewesen wäre, wenn er im Fernsehen weiter den schnarrenden, selbstgewissen Frühstücksdirektor gegeben hätte. Es sei einfach unglaubwürdig gewesen, daß jemand wie er, der sich als Moderator nie Gefühle gönnte, plötzlich mit Emotionen argumentiert. »Ich glaube das nicht«, sagte Bertram. »Aber wir haben vorher natürlich darüber nachgedacht. Und es waren einfach mehr Leute, die mir zu der weichen Nummer geraten haben.«

Lutz Bertram sitzt im Hellersdorfer Wohnzimmer und versucht, ein paar gute Seiten zusammenzutragen. Keinen einzigen Freund habe er verloren. Und irgendwie seien die letzten Monate auch so was wie eine vorgezogene Midlifecrisis gewesen. »Wenn du die Phase der Jämmerlichkeit überwunden hast, dann spürst du sogar, daß dem Ganzen eine Chance innewohnt«, sagt er. Aber welche? Tja.

Vielleicht geht er nach Amerika. »Die hätten bestimmt weniger Probleme mit mir. Da wär' ich dann der Bad Boy. Damit könnte ich gut leben.« Mmmh. »Aber eigentlich bin ich ein deutscher Patriot. Das ist ein Punkt, der mir sehr im Wege steht.«

Er dreht sich im Kreis. »Wenn es mich nicht gegeben hätte, hätte man mich erfinden müssen. Der Mac-Bohley-

Fraktion und Gauck liefere ich doch die beste Legitimation für ihr Tun. Die Bürgerbewegten brauchen doch spiegelnde Objekte wie mich, um weiter politisch auf der Stelle treten zu können. Und all die anderen DDR-Bürger, die sich mit der Macht eingelassen haben, schnallen mir ihre kleinen Rucksäcke auf. 65 Prozent von denen hatten doch ein Amt. Vielleicht war ich deren letzter großer Blitzableiter. Das ist doch auch was.«

Während es immer dunkler wird, weil draußen ein Gewitter aufzieht, und mir Bertram-Wörter wie »Vertriebenendirektor« um die Ohren fliegen, muß ich an seine »Mithin-Guten-Abend-Günther-Krause«- und »Jetzt-ziehen-wir-rigoros-den-Stil-aus-der-Birne«-Formulierungen bei der Talk-Runde in Beeskow denken. Das war fast so tragisch wie die Szene, in der Erich Honecker mit zerknittertem Anzug, nachlässigem Haarschnitt und Lesebrille in einem schäbigen Moskauer Hotelzimmer Kampflosungen ablas. Bertram spielte Radio in einem Kulturhaus. Und ließ sich von Leuten feiern, die er eigentlich nicht mag.

Lutz Bertram hat die Dinge nicht mehr in der Hand. »Ich wollte nie mehr disponibel sein«, gab er als einen Grund für seine IM-Tätigkeit an. Heute ist er disponibler denn je. »Ich brauche ein Mikrofon«, sagt er.

Der Wächter der Flugschule

Die Trips des Gerhard Gundermann

Im Augenblick glaubt Gundermann an die Kraft der Steine. Sein Holz, sagt er, sei Kiefer. Seine Farbe sei Blau. Er ist Fisch, und in dem Moment, wo er seiner Hündin Lisa in die Augen sah, habe er begriffen, daß Tiere eine Seele haben. Seitdem ißt er kein Fleisch mehr. Gundermann ist auf dem Esoterik-Trip. Er war auch schon auf anderen Trips. Offiziersschüler, Baggerfahrer, schreibender Kumpel, Ökofaschist, Rocksänger, Samurai. Und von 1976 bis 1984 war Gerhard Gundermann IM.

Gundermann sitzt in seinem kleinen Garten hinter seinem kleinen Haus im Land Sachsen. Er steckt im obligaten Fleischerhemd, unter der Bank läßt Lisa ihre Hundeseele baumeln, auf dem Tisch steht Kaffee und Pflaumenkuchen. Gleich neben den Akten. Drei dicke Papierbündel, die Geschichten aus der Zeit erzählen, als er »Grigori« war.

Der Deckname, den er sich wählte. Grigori, der Wächter der Fliegerschule, Grigori, der Tschekist, Grigori, der Weltverbesserer, Grigori, der Selbstverliebte. Grigori, der Arsch.

»Komischerweise habe ich immer gedacht, daß ich auch als IM irgendwie anständig geblieben bin«, sagt Gundermann. »Aber jetzt, wo ich lese, was ich alles berichtet habe, bin ich von mir sehr enttäuscht.«

Genaugenommen hat Gerhard Gundermann immer mit Konsequenz gelebt. Daß gerade er IM wurde, ist, wenn man es sich richtig überlegt, so zwangsläufig, daß man schon früher darauf hätte kommen müssen. Und ebenso zwangsläufig ist, daß er die Zusammenarbeit irgendwann wieder

abbrach. Es war ein Erkenntnisgewinn. Gundermann, der Esoteriker, würde sagen: »Was man nicht erlernt, muß man erleiden.«

Zunächst wollte Gerhard Gundermann Offizier der Nationalen Volksarmee werden. Politoffizier. Einmal sollte er mit dem Singeklub seiner Offiziersschule für Armeegeneral Heinz Hoffmann das Lied »Unser General« singen. Das war für ihn Personenkult, er weigerte sich. Keine guten Voraussetzungen, um Politoffizier zu werden.

So verließ er 1975 die Offiziersschule und wurde Kohlekumpel in einem Lausitzer Tagebau. Die Schule notierte in einer internen Abschlußbeurteilung: »überheblich durch Wissensvorsprung, faul, nervös, hat starke Schwierigkeiten mit politischen Schulweisheiten der Armeepraxis«.

Gundermann trat dem Singeklub Hoyerswerda bei, der ziemlich erfolgreich war, oft im Westen auftrat und später zur »Brigade Feuerstein« wurde. Eines Tages wurde er zum Abschnittsbevollmächtigten vorgeladen, wo ihn statt eines Polizisten zwei Männer erwarteten, die ihn fragten, ob er für die Staatssicherheit arbeiten wolle.

Gundermann sagte sofort ja. »Das war für mich überhaupt keine Frage. Ich war überglücklich, in diesem Land leben zu dürfen, ich wollte ihm dienen. Da es mit der Armee nicht geklappt hatte, wurde ich eben Agent. Ich wollte sowieso immer Agent werden.« Als er seine Verpflichtungserklärung unterschrieb, war er 21 Jahre alt.

Womöglich hatte er ehrenrührige Motive und Visionen, aus den Akten aber wächst ein verbissener, kleinkarierter Wichtigtuer, der darüber Auskunft gibt, daß Mitglieder seines Singeklubs beim Einkaufsbummel in Italien »provinzlerisches Verhalten« zeigten. Detailliert berichtet er, daß und mit wem eine Bekannte ihren Mann betrog, als der bei der Armee war.

Eine andere Ehe bezeichnet er als »krisenhaft«, einen Sänger als »politisch einen Chaoten, ohne gefestigte Weltanschauung« und vom Seminar »Schreibender Arbeiter« in Schwerin bringt er seinem Führungsoffizier neben Mutmaßungen über die geistige Nähe einiger Teilnehmer zu Wolf Biermann auch noch eine kleine Rezension mit: »Er trug ein situations- und emotionsbetontes Ego-Gedicht vor.«

IM Grigori notierte das Kennzeichen eines gelben Hamburger Passat, der ein paar Tage lang in der Pieckstraße parkte und teilte zum Westbesuch eines Kollegen mit: »Stand: vermutlich Mittelstand.« Für seine emsige Arbeit brachte ihm sein Führungsoffizier die Artur-Becker-Medaille in Bronze und auch Geschenke mit. Zum Geburtstag und zwischendurch. Mal für 3,50 Mark, mal für 156 Mark.

Über die Folgen seiner Auskünfte schien er sich keine Sorgen zu machen. Ein besoffener Offiziersschüler, der in der Kneipe »militärische Geheimnisse« lallte, wurde ebenso aufgeschrieben wie zwei Mitglieder des Singeklubs, die sich von einer Italien-Tournee Funkgeräte mitbrachten. Ohne es zu wissen, wie er sagt, war er an drei Operativen Personenkontrollen beteiligt, deren Zielstellungen und Ergebnisse er nicht kannte.

1977 schickte die Stasi ihn sogar nach Budapest, wo er ein West-Berliner Ehepaar, zwei Fluchthelfer, zu einem DDR-Besuch einladen sollte. Was mit den beiden in der DDR passieren würde, wußte er nicht. Und es sorgte ihn wohl auch nicht.

»Ich weiß nicht, warum ich diese Scheiße geschrieben habe. Diese Petzberichte. Vielleicht lag es daran, daß ich anderen keine Privatsphäre zubilligte, weil ich ja auch keine beanspruchte. Vielleicht war es einfach nur Geltungsbedürfnis. Ich weiß nicht.«

Er versucht, es rauszubekommen, einiges jedenfalls. Über ein paar der schwarzen Gauck-Flecken hat er Namen gekritzelt und Fragezeichen. Er hat einen Cottbuser Liedermacher besucht, über den er Berichte geschrieben haben soll, die nicht in den Akten auftauchen, die er hat. »Aber der hat mir gar nicht gesagt, was ich über ihn berichtet habe. Er saß nur lässig zurückgelehnt auf der Couch und wollte den Augenblick genießen. Gut, er ist eben am Zug.«

Selbst Stasi-Täter-Akten können positive Entwicklungen zeigen. Bereits im Mai 1978 hatte Gundermann ein Parteiausschlußverfahren und anschließend ein harsches Gespräch mit seinem Führungsoffizier, »bei dem er sich uneinsichtig zeigte«. Gundermann hatte sich darüber beklagt, daß bei einer Veranstaltung 380 Künstler drei Tage lang bei der Arbeit fehlten, um ein 90minütiges Kulturprogramm für »eine Handvoll Bonzen« zu proben. »Am besten man steckt das Haus an, wenn sie drin sitzen«, empfahl Gundermann wütend. Unter den Opfern hätte sich Egon Krenz befunden.

Immer noch beklagte er gelegentlich den ideologischen Einfluß der Kirche (»Es ist an der Zeit, Gegengewichte aufzubauen.«) und kritisierte einen Liedermacher dafür, daß er »nicht begreift, daß selbst die einfachste Wahrheit in ihrem Zusammenhang gesungen werden muß«, aber zumeist berichtete er seinem Führungsoffizier nun von Schlampereien in Betrieben, Inkompetenz bei FDJ-Funktionären und organisatorischen Problemen bei Konzerten. Einmal berichtete er von einer harten Auseinandersetzung mit FDJ-Zentralratsmitglied Hartmut König, der sein Lied »demokratie-tango« kritisiert hatte, einmal, wie Frauen mit kleinen Kindern im Kombinat Schwarze Pumpe benachteiligt würden.

Ab 1980 traf sich Gundermann immer seltener mit seinem Führungsoffizier, zum Schluß erschien er zu vereinbarten Treffen einfach nicht mehr. »Anfangs habe ich die wirklich als Partner betrachtet. Aber die Sachen, die ich von ihnen wollte, kümmerten die überhaupt nicht. Ich habe dann wohl instinktiv begriffen, daß die gar nichts verändern wollten.«

Und die Stasi hatte wohl begriffen, daß auf IM Grigori kein Verlaß mehr war. 1984 wurde der IM-Vorgang eingestellt. Eine Zusammenarbeit hatte es praktisch seit 1982 nicht mehr gegeben, und weil er im März 1984 auf einer Parteiversammlung die führende Rolle der SED abgelehnt und deren Generalsekretär Honecker »diskriminiert« hatte, flog er auch aus der Partei.

»Durch sich daraus ergebende Sanktionen wird sich sein negativ-feindlicher Standpunkt weiter verhärten«, stellt sein Führungsoffizier im Abschlußbericht fatalistisch fest. Und folgert: »Zu Gundermann wird eine Kontrollakte angelegt und der IMS *** wurde zur Kontrolle der weiteren Verhaltensweisen und Aktivitäten des G. zum Einsatz gebracht.« Grigori war gestorben, Gundermann wurde beobachtet.

Groteskerweise hatte er, wie er kürzlich erfuhr, einige der IM, die auf ihn angesetzt waren, der Stasi einst als zuverlässig empfohlen. In der Lokalpresse war der Name Gerhard Gundermann ein Tabu. Während der Cottbuser Liedermacher, über den er einst berichtet hatte, durch die Schweiz tourte, bekam Gundermann nicht mal mehr ein Visum für die Sowjetunion. Als die Band *Silly* ihre Platte »Februar« in einem West-Berliner Studio produzierte, saß Gundermann, der die meisten Texte dafür geschrieben hatte, in Ost-Berlin am Telefon, um Änderungen abzusprechen.

»Ich habe die Sache von beiden Seiten erlebt«, sagt Gundermann. »Ich sehe mich nicht als Opfer. Ich habe nach der Wende weder über die eine noch über die andere Erfahrung referiert. Aber es kotzt mich an, daß überhaupt keine Relativierung stattfindet. Zum Beispiel darf ich meine Opferakte nicht einsehen, weil ich ja auch eine Täterakte habe. Das ist doch schwachsinnig.«

Gundermann wollte jetzt reinen Tisch machen. Nicht unbedingt, weil ihn sein schlechtes Gewissen plagte, er wußte, daß ein paar Journalisten recherchieren. »Na klar habe ich ein paarmal überlegt, ob ich das jetzt ansage. Die Frage war nur, wie. Ich kann mich doch nicht im Konzert zwischen zwei Nummern hinstellen und sagen: ›Hört mal zu Kinder, ich war bei der Stasi.‹ Und natürlich hab' ich das auch vor mir hergeschoben. Da haben wir gerade eine Platte gemacht und dann noch eine, und dann gab's eine Tournee. Na ja, was man sich dann eben immer so einredet. Und ich hab' ja bis vor ein paar Wochen auch gar nicht gewußt, was ich da alles berichtet habe. Ich hab' es verdrängt, ich dachte, es sei harmloser gewesen. Aber, wenn mich einer gefragt hat, hab' ich immer gesagt: Ja, ich war dabei. Die Leute von *Silly* wußten das, auch meine Band und die Plattenfirma. Es ist sogar mal in einem Rundfunk-Interview gelaufen. Aber scheinbar hat da niemand zugehört.«

Gundermann ist jetzt, da ihm ein Journalist seine Akten zeigte, über das Ausmaß seiner Stasi-Tätigkeit erschüttert, nicht über die Tätigkeit an sich. Die war für ihn irgendwie folgerichtig. Er kann sich heute noch ärgern, »daß sich eine so riesige Organisation mit soviel Kinderkacke beschäftigt hat, statt die eigentlichen Probleme zu lösen«. Und als er neulich im Fernsehen einen Film über den übergelaufenen Top-Spion Stiller sah, konnte er die ganze Nacht vor Wut nicht schlafen. »Der hat wegen Westkohle Hunderte Agenten und seine Frau im Stich gelassen und wird als großer Held gefeiert.«

Er wird alle Beteiligten über die Details informieren und abwarten, was passiert. »Vielleicht will ja keiner mehr ein Konzert mit mir machen. Da werde ich eben zwei Jahre warten und dann wieder anfangen.« Warten ist für ihn ohnehin der Idealzustand, weil er aus seinen Esoterikbüchern weiß, daß jede menschliche Bewegung Schaden anrichtet. Er hat beschlossen, das Alter als Weiser völlig regungslos zu verbringen.

Aber sicher ist das noch nicht.

Venus wollte am Schluß nicht einmal zahlen

Meister Krüger versammelte seine ehemalige Rohrlegerbrigade nach vier Jahren wieder zu einer Grillparty – es sollte so sein wie früher

»Der Brigadeleiter leitete die Jahresabschlußfeier durch eine Rede ein, und dann konnte schon mit einem Essen und einigen genußvollen Getränken die Feier beginnen. Alle Kollegen kamen sich auch in diesem Jahr durch diese nette und durchgeführte Feier entgegen.«

Aus dem Tagebuch der Brigade
»Michael Niederkirchner«, Dezember 1974

Das Schwein dreht sich langsam in der Nachmittagssonne. Es ist fast durch. Sie stehen mit dem ersten Bier in der Hand noch etwas steif rum. Der Corrado vor der Tür gibt ein wenig Gesprächsstoff. Dann trinken sie wieder und mustern einander. Die meisten haben sich kaum verändert in den vier Jahren. Nur die Hemden sind bunter geworden, und Krüger hinkt ein wenig, seit er den schlimmen Unfall hatte. Gut, Venus ist ein bißchen dicker geworden, und ein Haufen Goldkram klimpert an ihm rum, Schmidt hat so einen Funk-Pieper an der Hose, damit er erreichbar ist, weil er ja jetzt den »Schmidt-Bau« hat und 15 Beschäftigte. Und natürlich hat Eckard Goerke keine Lücken mehr im Frontzahn-Bereich, sondern Jacketkronen. Aber sie erkennen sich alle wieder, und nach dem zweiten Bier können sie auch miteinander reden. Über die Autos, die Kinder und wieviel sie verdienen. Aber später will Krüger mit ihnen über früher sprechen und in den roten Büchern blättern. Staunen werden sie.

Als sie 1990 die FDJ-Fahnen und auch die roten, die Kampfgruppen-Uniformen, die Honecker-Sindermann-Stoph-Porträts, die Wettbewerbsverpflichtungen, Mitgliedsbücher und Urkunden, die unzähligen Broschüren von Plänen, Parteitagen und Bestarbeiterkonferenzen in die Müllcontainer auf dem Werkshof warfen, da hat Manfred Krüger vorsichtshalber die Brigadetagebücher eingesammelt und weggeschlossen. Gerettet, sagt er heute. Später, als die Baracken abgerissen wurden, in denen seine Rohrlegerbrigade »Michael Niederkirchner« untergebracht war, nahm Meister Krüger die dicken, roten Bücher mit nach Hause.

Neun Bände, die sechzehn Jahre Brigadeleben festhalten. Sauber getrennt in »sozialistisch arbeiten«, »sozialistisch lernen« und schließlich »sozialistisch leben«, was vor allem die gesellige Seite umschrieb. Rechenschaftsberichte, Auszeichnungen im Wandzeitungswettbewerb, kurze, ungeschickte Protokolle von Weihnachtsfeiern und Brigadefahrten, Urlaubspostkarten, Grüße von der Patenbrigade, Stellungnahmen, Aufnahmeanträge sowie Urkunden vom Luftgewehrschießen und Preisangeln.

Die Bücher erzählen Begebenheiten aus einer Zeit, die sehr weit zurückzuliegen scheint. In einer Sprache, die sehr komisch und seltsam vertraut klingt. Es sind Geschichtsbücher. Im Februar 1975 wurde »mit dem Kollegen Reinhardt unter großer Teilnahme der Brigade ein erzieherisches Verfahren durchgeführt, um ihn wieder auf den Weg der Brigade zu führen«. Das gelang offenbar. »Am 9. Dezember wurde Kollege Reinhardt in die Gesellschaft für Deutsch-Sowjetische Freundschaft aufgenommen.« Am 11. August 1981 übergab die Brigade achtzehn Brillen für Nikaragua. Sieben Tage später schloß sie sich »der weltweiten Empörung über die USA-Hochrüstung sowie die Produktion der Neutronenbomben an«. Zwei Seiten später kann man lesen: »Ein weiterer Höhepunkt in unserem Brigadeleben war der 32. Jahrestag der Gründung der DDR.«

Die Geschichte nimmt ihren Lauf. Im August 1988 »renovierte Kollege Klotzbücher die vierte Etage und den Treppenaufgang in der Alfred-Randt-Str. 32 im Rahmen sozialistisch Leben und Wohnen«, im Reservistenherbstmarsch 1989 belegte die Mannschaft der Rohrleger mit 280 Punkten den ersten Platz, im Dezember 1989 heißt es zum

Wettbewerbspunkt »Patenschaft mit der Kindertagesstätte Liddy Kilian« trotzig: »Jetzt erst recht.« Die Aufzeichnungen enden mit den letzten Urlaubspostkarten, die die Kollegen im Sommer 1990 ans Kollektiv schickten. »Urlaubsgrüße aus Ost und West« steht launig über der Seite mit den bunten Kartenschnipseln. Vorerst ist ein Westgruß dabei. Er kommt aus Paderborn.

1990 begann das Kollektiv zu zerfallen. Die Jungen gingen in den Westen, manche wechselten zu entstehenden Privatfirmen, einige wurden arbeitslos. Im Sommer 1990 machten sie ihre letzte Feier, 1991 gab es keine Brigade »Michael Niederkirchner« mehr.

Vor zwei Jahren hatte Manfred Krüger einen schweren Autounfall. In langen Krankenhauswochen renovierte er die verstaubten Brigadetagebücher. Er klebte abgefallene Fotos ein, machte bunte Unterstreichungen, Umrahmungen und fügte hier und da eine Überschrift hinzu. Vor allem aber schmökerte er. Von hier, aus dem Krankenbett, wirkte das Brigadeleben doppelt bunt und innig. Um die Veteranen hatten sie sich gekümmert, und zum Frauentag 1986 »bedachte unsere Brigade die Patenschaft mit der Tagesstätte Liddy Kilian und überbrachte Glückwünsche und eine Grünpflanze«!

Zur Hochzeit des Kollegen Goldschmidt »konnte am 11.4. 1985 eine komplette Bettgarnitur für zwei Personen überreicht werden«. Und immer wieder gab es wackelige Fotos von lustigen Rohrlegern, die sich mit Berliner Pilsner zuprosteten. Bilder von den vielen Brigadefeiern, die gewöhnlich »mit zünftigen Speisen, deftigen Getränken und Musike vom Tonband ausklangen«, wie die Jahresabschlußfeier 1988.

Wieso sollte es nicht noch einmal so sein wie früher? Manfred Krüger entschloß sich, eine Brigadefeier zu organisieren. »Die einen sagen, dit ist Nostalgie, die anderen alte Ostscheiße, aber dit war doch irgendwie unser Leben, dit kann man doch nicht in die Mülltonne schmeißen.«

Gemeinsam mit Jürgen Wolf, dessen 15jähriges Betriebsjubiläum 1988 die Brigade noch »mit einem wohlschmekkenden Broiler und diversen Genußmitteln ausklingen«

ließ, machte er sich auf die Suche nach seinen ehemaligen Kollegen. Die meisten hatten sie fast vier Jahre lang nicht gesehen, einige waren umgezogen, etwa zwanzig fanden sie und schrieben ihnen: »Endlich ist es soweit. Wir sehen uns wieder! Wir wollen gemütlich zusammensitzen, und an Essen und Trinken soll es nicht fehlen. Mitzubringen sind gute Laune und Bilder aus alten und neuen Tagen.«

Jürgen Wolf richtete seinen Garten und auch die Garage feierlich her, Manfred Krüger bestellte ein Schwein zum Grillen, zwei Fässer Bürgerbräu, sechs Flaschen Braunen, sechs Flaschen Weißen, einen Kasten Cola, sechs Flaschen Spumante für wen auch immer, einige andere Getränke und außerdem 48 Fläschchen Kümmerling. Weil bitter lustig macht.

Ganz zum Schluß baute Meister Krüger die roten Brigadetagebücher sorgsam auf einem Bord in Jürgen Wolfs Garage auf. Draußen endete ein wunderschöner Frühlingstag. Die ersten Gäste standen vor der Tür.

Eigentlich geht es allen ganz gut. Rohrleger werden überall gebraucht. Nur Sockoll ist seit kurzem arbeitslos und mit 53 Jahren nicht besonders hoffnungsvoll. Früher, das bestätigen auch die anderen, war es auch schön. Mitunter sogar noch schöner. »Wir haben mehr zusammengehalten«, erklärt Sockoll. »Alle wie wir hier sitzen. Und um unsere Behinderten wie Bernde haben wir uns auch gekümmert, nich Bernde?«

Bernd Zimmermann, der den ganzen Abend nichts sagt, schwingt jetzt mit dem schweren, tiefhängenden Kopf über seinem Glas hin und her und lächelt verträumt. Er ist geistig behindert, sein Arbeitsplatz im Betrieb ist geschützt. Peter Sockoll nimmt schnell einen weiteren Schnaps, um den Groll, den er gegen die neuen Besitzer des Werkes und die Westler an sich hegt, niederzukämpfen, doch es hilft nichts: »Haha. Die Westler wollen uns dit Arbeiten beibringen«, meckert er. »Dit ham se aber nicht geschafft«, ergänzt Hartmut Lehmann, der gerade umschult, durchaus ernsthaft. »Nee«, beschließt Sockoll, »dit schaffen se och nicht.«

Eckard Goerke fand auch die Berlin-Initiative, die ihn vor zwanzig Jahren in die Hauptstadt der DDR führte, »ne gute Sache«. Aber die Baufirma in Schöneiche, bei der er seit drei Jahren arbeite, die sei »top«. Michael Goldschmidt hat seinen Kollegen noch im Mai 1989 einen Brief aus dem NVA-Ehrendienst geschickt, der vor allem von überfüllten Kneipen und Unteroffizieren, die »an den Ketten drehen« handelt. Der Brief klebt heute in einem der Brigadebücher, und Michael Goldschmidt ist Rohrleger bei einer Privatfirma, wo er festgestellt hat: »Da geht jeder nach Feierabend seiner Wege. Außerhalb der Arbeit treffen wir uns nie. Früher haben wir ja Ausflüge gemacht, Feiern, und im Sommer sind wir auch immer nach der Arbeit ins ›Mecklenburger Dorf‹ gegangen auf'n Bierchen.«

Dirk Venus taucht in den Brigadebüchern ziemlich häufig auf. Kein Subbotnik ohne ihn, kein Bowlingabend, wo er nicht unter den ersten drei war, jedes Sportfest hat er gewonnen. Bilder von seinem Polterabend kleben in den Büchern und auch sein Aufnahmegesuch in die SED. Nach der Wende hat Venus als ambulanter Schmuckhändler gearbeitet, jetzt ist er wieder Rohrleger und hat genug Schnaps im Bauch, um den alten Solidaritätsgeist zu beschwören. »lst doch egal, ob dit nun ›Max braucht Schrott‹ hieß, ›Ordnungsgruppe der FDJ‹ oder ›Marsch der Bewährung‹. Wir haben zusammengehalten wie Mist.«

Die Jüngeren am Tisch bestätigen, daß Venus immer Konzertkarten über die FDJ-Kreisleitung organisiert hat. *Cool and the Gang* und Peter Maffay zum Beispiel. Venus wischt sich stolz funkelnde Goldkrone-Tröpfchen aus dem Zwirbelbart. »Eins sage ick euch. Dit mit den Brigadefeiern machen wir ab jetzt jedes Jahr.« Die andern nicken begeistert. Und Bernd Zimmermanns schwerer Kopf schwingt wieder. Zunächst verabreden sich alle für den nächsten Dienstagabend bei Manfred Krüger, um die Feier auszuwerten.

Das Schwein schmeckt, die Plaste-Enten auf dem Goldfischteich in Wolfs Kleingarten schaukeln leicht im Abendwind, und die Brigadefeier hat jenen Punkt erreicht, an dem man weiß, daß die Stimmung nicht mehr steigen kann. Und man trotzdem noch dableibt. Einen Augenblick jedenfalls. Die Kollegen formieren sich zum Gruppenbild. Der Fotograf hat ein Honecker-Porträt in der Garagenecke entdeckt und bittet einen, das Bild zu halten. Alle lachen, »Besser den als Schönhuber« ruft jemand und: »Dit schicken wir dir nach Chile, Honni«, doch dann wandert der Generalsekretär durch die Reihen, niemand will ihn haben. Schließlich faßt sich einer ein Herz, alle lachen, selbst Honecker schmunzelt, die Brigade prostet dem Fotografen zu. Wie früher.

Eine Stunde später macht Manfred Krüger noch mal auf die Tagebücher aufmerksam. Doch nur drei, vier interessiert der rote Stapel. Werner Müller schlägt den 86er Band auf. »Hier 60 Mark für den dritten Platz im Wandzeitungswettbewerb, uuaahhh«, gröhlt er, klappt das Buch wieder zu und wirft es achtlos zu den anderen. »Dit ist bestimmt wat wert, Manne«, lallt Sockoll. »Dit kannste verkoofen.« Krüger, der Schriftführer, guckt traurig. »Nee, verkoof ick nicht. Mein Banner hab' ick auch nicht verkooft.«

Etwas später, halb neun etwa, geht der erste und löst eine Lawine aus. Einige werden von ihren Frauen abgeholt, für Bernde Zimmermann kommt ein Taxi, und Sockoll, der ein, zwei Schnäpse zuviel hatte, wird von seinem Schwiegersohn gestützt. Kurz nach neun sitzt Manfred Krüger mit Jürgen Wolf und dessen Vater allein am Goldfisch-Teich. Später kommen noch die Nachbarn rüber. Manfred Krüger, der Brigadier, ist »erschüttert«. Er weiß jetzt, daß es bestimmt die letzte Brigadefeier war. Er ärgert sich über den Aufwand, den er betrieben hat, und versteht die Welt nicht mehr. »Wir waren doch als Kollektiv so 'ne gute Truppe gewesen. Die beste Brigade im Werk«, wundert sich Krüger. »Jetzt hat zum Abschluß nicht mal jemand gesagt, daß es ihm gut gefallen hat. Und Venus hat sich geweigert, die zwanzig Mark Obolus zu zahlen, obwohl er getrunken hat wie ein Loch. Es wird keine Feier mehr geben.«

Am nächsten Dienstagabend erscheint nur ein einziger zu der Verabredung bei Krüger. Und einer ruft an. Er habe Angst, gemeinsam mit Honecker auf einem Foto zu sein.

Sie lebt noch

Heldin, Lügnerin, Reuevolle – das Potsdamer
»Skinheadopfer« Elke Sager-Zille ist nach
einem kurzen Medienwirbelsturm wieder
zu Hause

Am 4. 2. waren sie im Heidepark. Am 27. 3. war die Magenoperation. Am 6. 5. war die Hochzeit. Am 3.10. haben sie
den Videorecorder gepfändet. Am 10. 10. war die Lüge. Am
27. 10. war »Schreinemakers«. Am 1.11. haben sie den Strom
abgestellt. Am 14.12. kriegt ihr Mann vielleicht einen Arbeitsvertrag. Wie Sicherungseisen schlägt Elke Sager-Zille
die Daten in ihr loses, wackeliges Leben. Davor lagen Geburten, Schule, Beerdigungen, Scheidungen, Entlassungen,
Nebel. Was danach kommt, weiß keiner. Elke Sager-Zille
sagt nicht Februar oder Oktober. Ihre Monate sind Zahlen.
Weil Zahlen irgendwas Verläßliches, Genaues haben.

Heute, 28.11, kam ein Brief von der Kirche. »Aus Lutherberg«, sagt Elke Sager-Zille. »Lutherberg?« »Ja, hier ist er.
Sie haben uns Geld gespendet. 1500 Mark. Wegen der Lüge. Und weil es uns schlechtgeht. Wir hatten ja jetzt keinen Strom. Nein, warten Sie mal, Wittenberg steht ja hier.
Also von Wittenberg. Von der Kirche. 1500 Mark. Können
wir gut gebrauchen.«
Der Brief ist von Friedrich Schorlemmer. Sie haben bei
einer Lesung mit Johannes Mario Simmel in Lutherstadt
Wittenberg Geld gesammelt, als sie von den Nöten der Familie erfuhren, schreibt Schorlemmer. Und: »Sie können
sicher selbst ermessen, welch ein Unheil Sie in Ihrer Not
angerichtet haben.«
Das ist nicht so sicher. Aber es ist auch nicht wichtig.
»Ich habe die Bevölkerung angelogen. Auch das Ausland«,
gesteht Elke Sager-Zille tapfer und ungefragt. »Ich muß
mit der Lüge leben.« »Das hat sie bei »Schreinemakers«
auch gesagt«, erklärt ihr zwölfjähriger Sohn Marcel.

Elke Sager-Zille ist 34 Jahre alt. Sie verließ die Schule nach der achten Klasse und wurde Wirtschaftsgehilfin in verschiedenen Krankenhäusern. Ihr erster Mann war Stabsfeldwebel bei der NVA. Sie trennte sich von ihm noch zu DDR-Zeiten, »weil er mich allet alleine machen ließ und sich nicht richtig gewaschen hat«. Aus der Ehe stammen die elfjährige Monika und der neunjährige Michael. Michael hat ein schweres Nierenleiden und eine Leseschwäche. Elke Sager-Zille hat eine Senkwanderniere und nur noch ein Drittel ihres Magens. Eigentlich dürfte sie nicht rauchen, sagt sie.

In diesem Jahr heiratete sie Wilfried Zille, der früher ebenfalls bei der NVA arbeitete. Seitdem trägt sie den Doppelnamen. »Weil dit mit Doppelnamen billiger war.« Ihr neuer Mann brachte den zwölfjährigen Marcel mit in die Ehe. Marcels leibliche Mutter zog mit seinen Geschwistern nach Halle. Sie haben keinen Kontakt mehr. »Die will nicht«, erklärt Elke Sager-Zille. »Außerdem hatte sie ein Verhältnis mit Marcels Opa. Und als sie mit den beiden Kindern und dem Kanarienvogel abgehauen ist, da saß Marcel zwei Tage alleine in der Wohnung und wußte nicht, wat los ist.«

Seit etwa zwei Jahren sind Elke und Wilfried Sager-Zille arbeitslos. Krankenversichert waren sie nie. »Obwohl ick meinem Männe gesagt habe, daß er wenigstens so ein Teil-Ding bei der AOK machen soll.«

Am 10.10.1994 geschah »die Lüge«. So nennen es Elke Sager-Zille, ihr Mann und ihre drei Kinder. Ein Ereignis. Etwas Losgelöstes, Abstraktes, Großes. Elke Sager-Zille log nicht. »Die Lüge« geschah. Sie kam über sie und ihre Familie.

So falsch ist das gar nicht. Am Nachmittag des 10. Oktober wollte Elke Sager ihre Tochter Monika besuchen, die mit einer Blinddarmentzündung im Krankenhaus lag. »Wir hatten Mittagsschlaf gemacht, und ick hatte mit meinem Männe natürlich noch ein Bierchen getrunken. Marcel hatte ja Geburtstag. Ick hatte aber ein Pfeffi gegessen, so ein Fischer, damit Moni nischt riecht. Weil es schon bißchen spät war, hab' ick 'ne Abkürzung genommen.

Da bin ick dann in 'ne Baukuhle gefallen. Wie ick wieder zu mir kam, da war die Hand schon ganz dick. Und laufen konnte ick auch kaum. Ick hab' mich erst mal auf 'ne Bank gesetzt und überlegt. Was mach' ick jetzt. Ick war ja nicht versichert. Und meine Jacke war auch völlig dreckig. Da ist mir dann die Idee mit den Skins gekommen. Ick bin ja eigentlich ein hilfsbereiter Mensch. Dit können alle bezeugen.«

Als sich Elke Sager-Zille mit angebrochener Hüfte, Prellungen und der Erklärung im Krankenhaus meldete, sie sei von Skinheads aus der Straßenbahn geworfen worden, weil sie einer alten Frau geholfen habe, waren die Dinge nicht mehr aufzuhalten. Polizei, Presse und Politiker erschienen. Der erste Journalist an ihrem Krankenbett kam mit einer ums Bein gewickelten Binde und auf Krücken. Elke Sager erzählte ihm ihre Geschichte. Sie erzählte sie allen.

Sie war »die Heldin von Potsdam«. Ein Symbol für Zivilcourage. Mutter von drei Kindern, arbeitslos, aus den neuen Bundesländern und von den Richtigen verletzt. Alles paßte.

Brandenburgs Innenminister brachte Rosen, der Polizeipräsident von Potsdam die Videokassette »Gruß aus Potsdam – Ein musikalischer Streifzug durchs Brandenburger Land«, die Ausländerbeauftragte das Versprechen, einen Arbeitsplatz aufzutreiben, die *BILD*-Zeitung einen 5 000-Mark-Scheck, *Hundert, 6* stellte eine Kur und noch einen Arbeitsplatz in Aussicht. Der Landesvorsitzende der FDP, Reporter vom *Hessischen Rundfunk, stern TV, RTL, Berliner Kurier, Focus* und *taz* gaben ihre Visitenkarten ab, die Elke Sager-Zille wie Trophäen in einer kleinen Schachtel aufbewahrt. »Die Tür ging immer uff und zu. Ick bin überhaupt nicht dazugekommen, die Wahrheit zu sagen. Und nachher habe ick selber daran geglaubt, daß es so war.«

Die Polizei fand keine Täter. Aber eine Frau, die bezeugte, daß Elke Sager-Zille keinesfalls aus der Straßenbahn gestoßen wurde. Elke Sager-Zille gestand sofort, daß sie gelogen hatte. Wieder kamen Journalisten.

»Die Heldin von Potsdam« wurde zur »Lügnerin von Potsdam«. Sie wurde auf ein Einzelzimmer gelegt und bewacht. »Aber ick mach' doch keen Selbstmord. Ick hab' drei Kinder«, erzählt Elke Sager-Zille. Drei Tage später bat sie den Klinikdirektor um vorzeitige Entlassung. Niemand hatte etwas dagegen.

Sie schrieb einen ungelenken, rührenden Brief, in dem sie die Mitschüler ihrer Kinder bat, »Marcel, Monika und Michael gerecht zu behandeln«. Monikas Englischlehrerin ermahnte das Mädchen vor der Klasse: »Ich hoffe, du machst nicht solchen Blödsinn wie deine Mutter«, und ein Nachbar schrie Elke Sager-Zille mehrfach hinterher: »Lügnerin von Potsdam!« Aber eigentlich war dieses Kapitel damit abgeschlossen.

Ein paar Tage später lud die Redaktion von »Schreinemakers« sie nach Köln ein. »Ick habe bei der Polizei angefragt, ob ick da hinfliegen darf. Und der Polizeimensch hat mir noch abgeraten. Aber ick wollte. So eine Chance kriegt man schließlich nur einmal im Leben.«

Zum ersten Mal flogen sie und ihr Mann mit einem Flugzeug. In Köln holte sie eine Limousine vom Flughafen ab, sie stiegen im teuersten Hotel der Stadt ab. »Dit Zimmer war ein Traum. Also dit waren ja praktisch zwei Zimmer in einem. Auf der Toilette gab es einen Lautsprecher für die beiden Fernseher. Und Telefon. Ick habe alles ausprobiert. Die Bademäntel und auch die kleinen Flaschen mit Shampoo und Schaumbad. Der Clou war ja, in dem einen Fernseher war auch ein Radio drin. Und als wir ins Zimmer kamen, stand auf dem Fernseher: Herzlich Willkommen!«

In einer Mappe bewahrt Elke Sager-Zille Andenken an den Köln-Aufenthalt auf. Ein unberührtes Streichholzbriefchen, eine Postkarte, einen Hotelprospekt, eine dunkelblaue Papier-Serviette und die Honorarrechnung für ihren »Schreinemakers«-Auftritt. »Art der Mitwirkung: Partner eines Live-Gespräches zum Thema: ›Die große Dummheit‹, Honorar: 1500 DM.«

Zwei Flaschen »Schreinemakers-Sekt« hat sie auch noch

mitgebracht. Eine bekam die Nachbarin, die in der Fernsehnacht auf die Kinder aufpaßte. Die andere thront jungfräulich auf der Schrankwand. Über der ebenso unberührten mehrbändigen Ausgabe von »Die großen Menschen und Ereignisse dieser Welt«, die noch nicht bezahlt ist, über dem Fernseher, dessen letzte Rate im Februar fällig ist, dem Videorecorder, den sie von einer Bekannten geschenkt bekamen, als sie ihren eigenen verpfänden mußten, und lauter kleinen Weihnachtsmännern und Nußknackern.

Gegenüber in der Sitzgruppe, unter einem Berglandschaftsbild, das sich Sager-Zilles in diesem Jahr für 20 Mark »vom Fidschen« kauften und zur Hochzeit schenkten, sitzen Marcel, Michael und Monika. Die Kinder müssen heute nicht zur Schule, weil sie erkältet sind, sagt ihre Mutter. Der Vater arbeitet seit dieser Woche wieder als Kraftfahrer. Die Kinder langweilen sich. »Wollt ihr ›Schreinemakers‹ sehen?« fragt ihre Mutter aufgeräumt.

Marcel bedient den Videorecorder. Krisselig und immer wieder die Farbe verlierend, erscheint »Die große Dummheit«. Ein Mann, der eine Bank überfiel, die Moderatorin Britta von Lojewski, die gefeuert wurde, nachdem sie Bilder von Politikern gezeigt hatte, die Prostituierte besuchen, und Elke Sager-Zille, unter deren Namen erklärend eingeblendet wird: »Die falsche Heldin«. Stockend erzählt sie, wie sie in die Baugrube fiel und dann log, weil sie ja nicht versichert war. Später titelt das *SAT.1*-Team unter Elke Sager-Zilles Namen: »Ich schäme mich so«.

Die Schraube ist weitergedreht worden. Die Heldin. Die Lügnerin. Die Reuevolle. Sie spielte, so gut es ging, mit. Als Heldin sagte sie: »Ich würde es immer wieder machen.« Als Lügnerin schmückte sie ihre Geschichte mit Klappmessern aus. Als Reuevolle las sie in der *BILD*-Zeitung: »Ich entschuldige mich bei Deutschland«.

Ein bißchen von jedem Etikett klebt noch an ihr. Manchmal spricht sie von »den Tätern in der Straßenbahn«, ihr Mann sagt, daß sie sich im Schlaf immer wieder für die vielen Blumen bedanke. Sie sagt, daß sie für ihre Tat »büßen« muß, und zwei Sätze später: »Margarethe ist so kleen, aber die ist in Ordnung.« »Wer?« fragt ihr Sohn Michael. »Na Margarethe, Mensch.«

Vielleicht wird sie für »Menschen 94« ins *ZDF* eingeladen. Vielleicht gibt es im nächsten Jahr noch einen Prozeß wegen Irreführung der Polizei gegen Elke Sager-Zille. Es ist jetzt schon viel zuviel für die schmächtige Frau mit dem Drittelmagen, die bis heute nicht weiß, was sie eigentlich ist.

Anfang November haben sie der Familie den Strom abgestellt, weil sie die Rechnungen nicht bezahlte. Elke Sager-Zille bereitete das Essen auf einem Camping-Spirituskocher zu und zündete abends Kerzen an. Sie hat zwar jede Menge Formulare in den Schubfächern ihrer Schrankwand, aber welches nun das entscheidende war und was sie damit machen sollte, wußte sie nicht. Da hat sie dann lieber gewartet, bis plötzlich das Licht wieder aufflammte. Irgendwann geht es immer wieder an.

Sie lebt ja auch noch. Selbst das Telefon wird wieder klingeln. Es ist seit einem Jahr abgeklemmt, weil sie bei der Telekom 1 000 Mark Schulden hat. »Das ist wegen der Hochzeit. Und weil wir am Tanklager mitangeschlossen waren.«

Sie weiß nicht genau, wieviel Geld sie im Monat zur Verfügung hat. Nur die Höhe ihrer Schulden glaubt sie zu kennen. »So 22 000 Mark zirka. Das Krankenhausgeld für die Blinddarmoperation von Monika, meine Krankenhauskosten und die von Micha. Die AMC-Töppe, die ick mal von einem Vertreter gekauft habe, machen auch tausend Mark. Und dann die Bücher da mit Christus und Biologie und allen Kriegen«, zählt sie zusammen und zieht eines der braunen Versandhauslexika aus der Schrankwand. »Die sind ja an und für sich sehr lehreich. Außerdem kann man die Seiten abwischen, wenn mal ein Fettfleck raufkommt.«

Sie leben ihr kleines Leben weiter. Nach Weihnachten, sagt Elke Sager-Zille, werde sie mit den Kindern wieder durch die Müllecken im Wohngebiet ziehen. Dann schmeißen die Leute immer am meisten weg. »Das Sofa hier ist auch von der Müllecke. Genau wie der Fernseher und das Radio in Marcels Zimmer. So wat schmeißen die Leute einfach weg.«

Die Kinder werden sich die stolzen Mallorca-Urlaubsberichte ihrer Klassenkameraden anhhören, ohne kontern zu können. Die Familie kann nicht in den Urlaub fahren. Keiner von ihnen war jemals im Ausland. »Doch icke«, sagt Frau Sager-Zille. »Ick war einmal in Bayern.« »Dit ist doch kein Ausland, Mutti«, sagt Marcel lachend.

Wofür soll sie sich schämen? Es war wie ein Wirbelsturm. Mit Blitzlichtern, Visitenkarten, Rosen, Wachschutz, Reportern, Telefon auf dem Klo, Sekt. Es war aufregend. »Vielleicht wollte ick einfach mal einen Höhepunkt haben«, sagt Elke Sager-Zille.

Sie spielt kein Lotto. Nichts geht mehr.

Pamela vor Rauhfaser

Um dem Star aus der SAT.1-Serie »Baywatch«
nahezukommen, frisierte Nicole Bohneberg
aus Halle sich und ihre Biographie

Eines Abends, Anfang August, hatte Andreas Bohneberg
seine Frau soweit.

Gemeinsam räumten sie die kleine Holzbank, von der
sie anfangs dachten, sie sei richtig alt, bis sie merkten, daß
sie aus Spanplatten gebaut wurde, aus der Ecke neben
dem Balkonfenster. Auf dem so freigewordenen Quadratmeter hellbrauner Auslegeware sollte es passieren. Andreas Bohneberg machte die kleine Billigkamera mit dem
Blitz fertig. Nicole Bohneberg verwandelte sich inzwischen
in Pamela Anderson. Sie hatte leider keinen roten Bade-
anzug, weil sie ja immer nur Bikinis trägt, aber sie hatte
dieses rote Top, und das zog sie an. Sie fönte sich die
Haare ein bißchen wilder als sonst und schminkte ihre
Lippen richtig rot.

Dann trat sie vor die weiße Rauhfasertapete und vergaß
das kleine Neubauzimmer, die Topfpflanzen auf dem Bal-
kon und die Chemieschlote am Horizont. Sie stemmte die
Hände in die Hüften, drückte ihren Busen soweit raus, wie
es eben ging, schmollte den Mund und nahm alle Wärme
aus den Augen. Ein Blick, der weismachen sollte, die Welt
habe keine Überraschungen mehr für sie. Ein erstaunli-
cher Blick für Nicole Bohneberg.

Zwei Tage später schickten Nicole und Andreas die
beiden besten Fotos an die BILD-Zeitung, die einen bun-
desweiten Wettbewerb um die deutsche Pamela ausge-
schrieben hatte. Wer der amerikanischen Schauspielerin
am ähnlichsten sei, könne, so hieß es, für zwei Wochen nach
Los Angeles reisen, um dort womöglich David Hasselhoff
zu treffen. Die Zweitähnlichste bekomme einen knallroten
Strandroller. Weitere zwei Tage später rief jemand von

der *BILD*-Zeitung bei Nicole Bohneberg an und fragte ein paar biographische Details ab. 23 Jahre alt, Studentin, ledig, kinderlos.

Das Schönste am Hallenser Wohngebiet »Silberhöhe« ist sein Name. Ein paar lieblos verstreute Neubauten an der Schnellstraße nach Merseburg, ein paar vertrocknete Rasenflächen und viele Autos. Der Hausflur in der Hanoier Straße ist dunkel und muffig, doch in der dritten Etage gibt es eine kleine, blitzeblanke Puppenstube.

Hier sind die Palmen saftiggrün, in der weißgefliesten Küche mit der nagelneuen Bauernküche findet man nicht einen Krümel, und die Auslegeware hat noch kein Straßenschuh betreten. Eine kleine, ordentliche Welt.

Die Hausherrin trägt einen karierten Rock, ein freundliches, offenes Lächeln und fragt, was sie anbieten kann. Im Fernsehen läuft ein *VIVA*-Video, auf dem Couchtisch liegen die *BILD*-Zeitungen mit den Fotos einiger Pamela-Konkurrentinnen aus Hannover, Leipzig und Bochum. Ein Mädchen hat braune Locken. Vielleicht dachte sie, es gehe um das deutsche Julia-Roberts-Double. Nicole Bohneberg legt ein paar ausgeschnittene Zeitungsfotos von Pamela Anderson auf den Couchtisch und die Schnappschüsse jener Augustnacht daneben. Auf manchen sieht sie der Schauspielerin erstaunlich ähnlich. Es sind die, auf denen sich Nicole am fremdesten ist.

»Nur der Busen stimmt nicht«, sagt Nicole Bohneberg. »Aber der ist bei der Pamela ja auch nicht echt. Ich weiß nicht, ob die das bei der Jury berücksichtigen. Was meinst du?«

Tja?

Nicole Bohneberg wurde in einem kleinen Dorf in der Nähe von Weißenfels geboren. Als sie fünf war, trennten sich ihre Eltern, und sie zog mit der Mutter nach Halle-Neustadt. Ihr Vater sei ein Schwein gewesen. Er habe ihre Mutter betrogen, als sie im Schichtdienst schuftete. Mit fünfzehn zog Nicole zu einem Freund. Er war wesentlich älter als sie, ein familiärer Typ, das mochte sie zunächst.

Sie fühlte sich geborgen. »Aber dann habe ich gemerkt, daß meine Freundinnen immer zur Disko gingen, während ich die Küche wischte. Ich war praktisch mit sechzehn Jahren Hausfrau.«

Der nächste Mann in ihrem Leben war nicht ganz so häuslich, aber er soff. Drei Jahre hielt sie das aus, dann lernte sie Andreas kennen. Auch der ist älter als sie, aber diesmal genau ihr Typ. »Groß, lange dunkle Haare. So wie der Lorenzo aus ›Renegade‹ aus PRO 7. Andreas sieht aus wie Renegade. Das sagen alle.« Pamela und Renegade. Ihre beste Freundin, die Nanette, die sähe aus wie Sharon Stone, sagt Nicole.

Nicole Bohneberg hat Damenmaßschneiderin gelernt. Das war ein begehrter Beruf, nur zwölf Lehrstellen gab es im Bezirk Halle. Dann kam die Wende, und Nicole arbeitete vorübergehend bei einer Bank. Weil sie immer schon gern zeichnete, fing sie 1992 auf einer privaten Fachschule für Grafik und Design an zu studieren. Nach anderthalb Jahren hörte sie dort auf, weil es zu teuer wurde. Außerdem glaubte sie inzwischen, daß man als Designer heutzutage sowieso keinen Job finde.

Jetzt will sie vielleicht Krankenschwester werden. Und später womöglich Medizin studieren. Im Augenblick macht sie gar nichts. Sie nennt es »auf der Suche« sein.

Andreas ist Maler und immer auf Montage. Die Wohnung ist sauber. Die Grünpflanzen sind gegossen.

Auf dem Bildschirm bewegen sich schöne Menschen aus einer anderen Welt, in der es keine Balkonpflanzen gibt und keine schäbigen Treppenhäuser. Manchmal, wenn sie zwischen den vielen Videos Kristiane Backer sieht, die Moderatorin, dann denkt Nicole Bohneberg, daß diese Welt auch für sie erreichbar sein könnte.

In solchen Momenten greift sie zum Telefonhörer, um beispielsweise bei RTL nachzufragen, ob man nicht für eine Serie wie, sagen wir mal, »Gute Zeiten – Schlechte Zeiten« eine blonde Darstellerin brauche. Aber meistens bleibt sie schon beim Pförtner oder in der Vermittlung hängen. Bei der Zeitung würde sie auch arbeiten, auch beim Rundfunk, doch die *Sachsen Anhalt Welle* sei bis 1997 ausgebucht, bei *Radio Brocken* sehe es nicht besser aus. Sie weiß es, sie hat gefragt.

Natürlich spricht sie diesen anhaltinischen Dialekt, aber sie würde einen Sprachkurs belegen. Es gebe welche an der Universität. Sie war auch mal bei einem Komparsen-Casting des MDR, aber als sie die vielen Bewerber sah, ist sie dann doch wieder nach Hause gefahren. Auf die Silberhöhe.

Einmal hat ein freier Fotograf Bilder von ihr gemacht. Angeblich sollten die für den *Express* sein, aber dort sind sie nie erschienen. Sie hat ein paarmal angerufen, aber keiner wußte was, und das kam Nicole nun doch komisch vor. Der Fotograf hatte sie gebeten »ganz, ganz kurze Röcke« anzuziehen. »Wer weiß, wo der die Bilder veröffentlichen wollte. Der war mir auch ein bißchen aufdringlich, der wollte gar nicht mehr gehen. Ich mußte ihn regelrecht rausschmeißen.«

Jetzt, beim Pamela-Wettbewerb hatte sie anfangs auch kein gutes Gefühl. Aber nachdem sie die Fotos der Konkurrentinnen gesehen hat, von denen viele Pamela nicht im entferntesten ähneln, fühlt sie sich besser. Andreas sagt ja auch, daß sie gute Chancen hat. Nur ihr Busen eben.

»Wenn ich auf die Busen der anderen gucke, kann ich ganz mutlos werden«, sagt sie. »Manchmal denke ich, man braucht einen großen Busen, um richtig Erfolg zu haben.«

Vielleicht kaufen sie sich eine Harley-Davidson, vielleicht sparen sie aber doch lieber auf ein Haus, weil sie eigentlich Angst vorm Motorradfahren hat. Außerdem hat sie den kleinen, roten Mazda, der ja reicht, was? Ihre Oma väterlicherseits soll mal genauso ausgesehen haben wie sie jetzt, aber sie hat sie ja noch nie getroffen, weil sie mit einem Amerikaner in die USA gegangen ist, als ihr Vater noch ein kleines Kind war. Solche Leute hat sie in ihrer Familie, das muß man sich mal vorstellen. Wobei, wenn sie die Adresse in Amerika hätte, würde sie schon mal hinfahren. Aber sie hat die Adresse ja nicht.

Nanette, die so aussieht wie Sharon Stone, hätte ja am

liebsten einen reichen Mann. Aber was soll man mit einem Reichen, für den man sich nachher gar nicht interessiert? Andererseits hat eine Kommilitonin von der Designschule einen Franzosen kennengelernt, mit dem sie jetzt in einer Penthouse-Wohnung in Paris lebt. Das ist schon ein Traum. Sie haben sich ja mal ein paar Eigentumswohnungen in Halle angesehen. Aber 450 000 Mark für 105 Quadratmeter und ein Asylbewerberheim gegenüber, nein danke.

Pamela Anderson ist früher auch natürlicher gewesen. Und der Typ, mit dem sie zusammenlebt, mein lieber Gott, der sieht ja aus wie ein Säufer. Schrecklich. Der rote Motorroller für den zweiten Platz – schön und gut. Aber was soll man in Halle mit einem Strandroller? Und wo soll sie den denn hinstellen? Vor die Tür? Na, da hätte sie ihn nicht lange. So wie hier geklaut wird. Wenn sie *Take That* sieht da im Fernsehen, dann kriegt sie Pickel. Was man aber auf gar keinen Fall schreiben darf, weil dann sicherlich ihre Chancen im Pamela-Wettbewerb sinken.

»Stimmt das, daß man im Filmgeschäft mit den wichtigen Leuten ins Bett gehen muß, um eine Rolle zu bekommen?«

Irgendwann, so gegen vier, wird Nicole Bohneberg nervös. »Ich hab' noch was zu erledigen. Ein Termin. Na ja, Termin ist vielleicht das falsche Wort. Was Wichtiges jedenfalls. Und ich weiß nicht, ob ich das jetzt sagen darf. Wegen dem Wettbewerb.« Sie läuft ein bißchen hin und her, und dann sagt sie es. Sie hat ein Kind.

Lisa-Maria ist fast zwei Jahre alt, braucht in der Kinderkrippe keine Windel mehr, hat einen dicken dunkelblonden Pferdeschwanz und paßt, so glaubt Nicole Bohneberg, nicht in eine Welt, in der sich die Gewinnerin eines Pamela-Wettbewerbes bewegt. Auch ein Ehemann hat dort keinen Platz. Deswegen wurde Andreas Bohneberg verschwiegen. »Man kann einfach nicht mehr ehrlich sein heutzutage«, sagt Nicole Bohneberg.

Nicole ist stolz auf ihre Tochter und liebt ihren Mann, aber sie habe ihre Erfahrungen gemacht, sagt sie. Zum

Beispiel vor einem Jahr beim »Miss Sachsen-Anhalt«-Wettbewerb. »Das hat der Kai Pflaume aus dem Fernsehen moderiert. Es sah aus, als wären meine Chancen gar nicht mal so schlecht. Aber dann machte er mit jeder Bewerberin noch so ein kurzes Gespräch. Und als er mich dann fragte, ob ich eine Familie habe, da habe ich blöde Kuh die Wahrheit gesagt. Der hat sofort jedes Interesse verloren. Ich bin sechste geworden. Eine von den Siegerinnen hatte eine dicke Brille und kurze Haare. Na, da wußte ich doch alles. Nein, den Fehler mache ich nicht noch mal. Ich hätte auch gern mal eine schöne Reise.«

Lisa-Maria macht auf die schwarze Ledercouch. Nicole gesteht, daß David Hasselhoff überhaupt nicht ihr Typ sei, was man aus Rücksicht auf den laufenden Wettbewerb nun aber auf gar keinen Fall schreiben dürfe. Irgendwann ruft Andreas Bohneberg an und beschwert sich, daß Nicole verraten hat, seine Frau und die Mutter seines Kindes zu sein. »Das darf auf keinen Fall in die Zeitung«, erklärt er. »Ich hab' mir doch extra den *Playboy* 12/94 gekauft. Da sind Fotos von der Pamela drin, auf denen sie aussieht wie Nicole. Und ich kenn' die Nicole ja nun wirklich gut. Es wäre auch schön für ihr Selbstbewußtsein, wenn es endlich mal klappen würde.«

Es hat nicht geklappt. Die *BILD*-Jury hat entschieden. An diesem Wochenende fliegen sechs Kandidatinnen zur Funkausstellung nach Berlin, um die wahre, deutsche Pamela zu küren. Sie sehen zwar alle nicht so richtig aus wie Pamela Anderson. Aber was den Busen angeht, könnte Nicole recht behalten haben.

Nicole Bohneberg aus Halle ist nicht nach Berlin eingeladen worden. Kein »Pam-Beauty«, kein David Hasselhoff, nicht mal ein knallroter Strandroller. Sie bleibt einfach nur 23 Jahre alt, arbeitslos, verheiratet, Mutter.

Ein Fotograf aus Düsseldorf, der irgendwie an ihre Bewerbungsfotos gekommen sein muß, hat angerufen. Er hat sie gefragt, ob sie sich auch in Dessous fotografieren lassen würde.

Klavier konnte ich auch

Die 52jährige Berliner Trinkerin Monika Kößler
wurde wegen Kleindiebstählen mit einem
Schaden von etwa 1000 Mark zu dreieinhalb
Jahren Haft verurteilt

*»Frau Kößler zeigte in der Stargarder Str. 10 an, daß in
ihrer Wohnung ein geklautes Fahrrad steht und sie Angst
habe nach Hause zu gehen. Gegen 11 Uhr fuhren wir mit
ihr zu ihrer Wohnung. Dort fanden wir im Treppenhaus
ein Fahrrad. Die Wohnung von Frau Kößler befand sich in
einem ausgebrannten Zustand. Die restlichen Gegenstände
warf Frau K. aus ihrem Fenster (4.OG) als wir das Haus
verlassen wollten.«*

Aus einer Ordnungswidrigkeitsanzeige der Polizei

Lehmann sagt mir, daß sein Vorname »Tute« sei, wie der
von allen Menschen, die Lehmann hießen. Ich verstehe
nicht, aber Lehmann ist nicht bereit, weitere Erklärungen
dazu abzugeben. Statt dessen kramt er einen zerknautschten, speckigen Zettel aus seiner Gesäßtasche, der beweisen soll, daß er einst im Stasi-Knast saß. Er wedelt
kurz mit dem Zettel, steckt ihn dann schnell wieder ein.
Zu gefährlich. Lehmann ist sechzig, untersetzt und stinkt
ein bißchen. Den Kehlkopf habe ihm Greinert eingeschla-
gen, das Schwein. Deswegen rede er so komisch. Wir
stehen dann schweigend vor dem Gerichtssaal 371 rum, wo
gleich das Urteil über Monika Kößler gesprochen werden
soll.

Draußen ist ein sonniger Maitag. Lehmann und ich
scheinen die einzigen Besucher zu sein. Warum ist er da?
»Ick war ma ein paar Jahre mit Moni zusammen«, sagt
Lehmann. Wann? Er weiß nicht mehr, irgendwann nach
Bautzen wohl. Keine weiteren Erklärungen.

Es ist schwer, Monika Kößler kennenzulernen. Ab und
zu tauchen ein paar Bilder aus dem Nebel. Gezeichnet von

Leuten, die sie kannten, liebten, sahen, manchmal von ihr selbst. Man glaubt die Frau zu kennen, doch im gleichen Augenblick zerfließt alles wieder in einer Soße aus Widersprüchen, Ungenauigkeiten und Lügen. Nur ein unbestimmtes Gefühl von Angst, Gewalt, Entzug und Hoffnungslosigkeit bleibt dann. Bis man zu wissen glaubt, was ein beschissenes Leben ist.

Lehmann drückt seine Kippe zwischen Daumen und Zeigefinger aus und sagt lapidar: »Ick liebe se immer noch.« Dann gehen wir in den Gerichtssaal, um uns die Plädoyers anzuhören und das Urteil.

Im vorigen November fuhr ich drei Tage lang mit Polizisten vom Abschnitt 76 durch den Prenzlauer Berg. Sie wollten mir unbedingt Moni zeigen, weil die die bekannteste »Suffnudel« im ganzen Kiez sei. Ein Schicksal und was für eins. Wir fanden sie nicht. Sie war bei Fredi Kurz, einem anderen Schicksal, aus dem Fenster in den Schnee gesprungen und weggerannt. Später erfuhr ich, daß sie sich drei Tage bei ihrem Schwager versteckt hielt. Aus Angst vor ihrem Lebens- und Saufgefährten Ernst-Christian Greinert, der sie manchmal bis zur Besinnungslosigkeit verprügelte, wenn sie nicht bereit war, Schnaps zu klauen. Im vorigen Sommer hatte er sogar versucht, sie anzuzünden, sie erlitt Verbrennungen an den Armen, ihre Wohnung brannte aus.

Monika Kößler schlüpfte also bei ihrem Schwager, dem Witwer ihrer verstorbenen Schwester, in Weißensee unter. Doch der Schwager, sagt sie, wollte als Belohnung mit ihr ins Bett. Und weil sie nicht wollte, brach er ihr den Arm. Einfach so. Mit bloßen Händen. Der Schwager sei Fleischer gewesen, ein Bär, sagt sie erklärend.

Am 24. November erließ Frau Richterin Brömer vom Amtsgericht Tiergarten gegen Monika Kößler einen Haftbefehl, weil sie einer Ladung ferngeblieben war. Am 11. Dezember wollte Frau Kößler aus einer Drogerie in der Dimitroffstraße vier Strumpfhosen und eine Seifenschale klauen, die alarmierten Polizeibeamten brachten sie in Un-

tersuchungshaft. Bis zur Hauptverhandlung im April gab es elf Anklageschriften mit etwa 40 Vorwürfen.

Wirre, irrationale Geschichten. Schon die Auswahl des Diebesgutes erzählt über die Diebin. In einer Minol-Tankstelle stahl sie »acht Büchsen Bier, einmal Zewa Soft, einmal Frikadellen und einmal Spielzeug (Puppe)«, bei REWE »Schweinekopfsülze, Ketschup und Eierlikör«. Fast immer waren Schnaps und Zigaretten dabei, oft Seife, einmal klaute sie vier Laken, ein anderes Mal fünf Duschvorhänge.

Meistens griff sie die Sachen einfach und lief weg. Wie ein Kind. Bei »Mc Trend« nahm sie eine Lederjacke vom Haken, »rannte aus dem Laden und wollte sich im danebenliegenden Fleischwarengeschäft verbergen«, heißt es in einer Strafanzeige. »Sie gab an, daß sie die Jacke nur anprobieren wollte.«

Immer war sie betrunken, wenn sie stahl, manchmal wurde sie wütend, wenn sie ertappt wurde, warf die geklauten Sachen einfach auf den Fußboden oder setzte die Flasche Schnaps schnell noch an den Hals, bevor man sie ihr wegnahm. Als sie von Polizeihauptmeister Schwambach »im Zuge der Bearbeitung eines Diebstahls nach den noch unter ihren Kleidungsstücken befindlichen Gegenständen kontrolliert werden sollte«, ergriff Frau Kößler den Zeigefinger des Beamten und drehte ihn »kräftig zur Seite«.

Schwambach gab ihr daraufhin ein Ohrfeige und notierte später: »Nach dem Geschehen hatte ich leichte Schmerzen im Zeigefinger. Ich verbleibe im Dienst.«

Ihr Pflichtverteidiger Winfried Heck hat mal addiert, was bei den 40 Vorwürfen an Schaden zusammenkam. »Es sind etwa 3 000 Mark. Weil die meisten Sachen ja zurückgegeben wurden, bleibt letztlich nicht mehr als 1 000 Mark Schaden.«

Einen halben Tag sollte die Verhandlung ursprünglich dauern, es werden drei Tage. Volle Tage. Dreißig Zeugen werden gehört. Ladenbesitzer, Polizisten, Verkäuferinnen. Es fällt auf, daß niemand von ihnen so richtig böse auf

Frau Kößler ist. Monika Kößler schweigt meist. Nur als der neurologisch-psychiatrische Gutachter erwähnt, daß ihr Vater Maler gewesen sei, ruft sie stolz dazwischen: »Malermeister«. Ihr Vater wurde Ende des Zweiten Weltkrieges als Deserteur erschossen. »Das Verhältnis zu ihrer Mutter sei stets gut gewesen und das zum Stiefvater hätte sich in ihrer Jugend verschlechtert, nachdem dieser sie ›begrapschen‹ wollte«, heißt es im Gutachten lapidar.

Chronologisch werden zwei Ehen, mehrfache Männerbekanntschaften und sechs Kinder abgearbeitet. Dann kommen die Krankheiten. Mit dem »vermehrten Alkoholtrinken« habe sie wohl Mitte der 80er Jahre angefangen. Warum, bleibt unerklärt, zum »Wieviel« nimmt das Gutachten Stellung: Zunächst eine halbe bis eine Flasche Jägermeister am Tag, zum Schluß habe sie mit »Herrn Greinert und einem anderen Mann täglich zirka 4 Flaschen Korn bzw. Goldbrand getrunken«. Regungslos läßt die Angeklagte Ausführungen zu ihrer »sehr niedrigen Intelligenz« sowie zum »abklingenden Hautausschlag nach Krätze« über sich ergehen. Was Scham ist, hat sie vergessen.

Lehmann sitzt still im Zuschauerraum und fixiert seine Moni. Manchmal schaut sie zurück, doch ihre Gesichtszüge hellen sich nicht auf. Vielleicht erkennt sie Lehmann, vielleicht auch nicht. Lehmann hat Tränen in den Augen, der Staatsanwalt rechnet. Dieter Rolfsmeyer addiert Orte beziehungsweise Waren zu Monaten. »Mc-Trend, Lederjacke – drei Monate. Minol – drei Monate. Fishpoint, zwei Büchsen Ölsardinen – drei Monate.« Für den umgedrehten Zeigefinger veranschlagt er wegen des »tiefsitzenden Gefühls der Rechtsverachtung« sechs Monate. Am Schluß kommt Staatsanwalt Rolfsmeyer auf 37 strafbare Handlungen und 121 Monate. Das sind zehn Jahre. Die Höchststrafe eines Schöffengerichtes sind allerdings nur vier Jahre. Rolfsmeyer beantragt die vier zur Verfügung stehenden Jahre mit den Worten: »Zugunsten der Angeklagten spricht überhaupt nichts, Hohes Gericht. Gar nichts!«.

Verteidiger Windfried Heck versucht ruhig, Anklagepunkt für Anklagepunkt zu entkräften, erinnert an das

Gutachten, die Umstände, den Prenzlauer Berg und die vergleichsweise lächerliche Schadenshöhe, plädiert auf Freispruch und rechnet, wegen der Vorstrafen, mit einem Jahr ohne Bewährung. Richterin Brömer verhängt dreieinhalb Jahre. Ohne Bewährung.

Heck ist schockiert. Er legt Berufung ein. Rolfsmeyer ist zufrieden. Tute Lehmann schaut die Verurteilte verliebt an. Monika Kößler erzählt in einem wirren Schlußwort, wie Greinert einmal ihre Zähne aus dem Fenster warf.

Maria Echtermayer glaubt es nicht. »Dreieinhalb Jahre? Das kann nicht sein.« Seit zwei Jahren ist sie die Bewährungshelferin von Monika Kößler. Sie hat sie betrunken gesehen, mit gebrochenen Armen, blauen Flecken, Platzwunden und Verbrennungen. »Die muß weg vom Alkohol, weg von den Männern, die sie verprügeln, aber doch nicht in den Knast. Da wirst du total entmündigt. Alles wird dir abgenommen. Wenn Frau Kößler einen Rest an Selbständigkeit besitzt, verliert sie ihn da. Wenn sie nach dreieinhalb Jahren rauskommt, kann ich Ihnen sagen, was passiert.«

Monika Kößler hat ihre familären Bande solange strapaziert, bis sie rissen. Von ihrem ersten Mann ließ sie sich nach drei Jahren scheiden. Die beiden Töchter dieser Ehe wuchsen bei der Oma auf, als ihre Mutter zu ihrem zweiten Mann nach Riesa zog. Eine uneheliche Tochter wähnt Monika Kößler in München. Die jüngsten Kinder leben beim Vater in Riesa. Die älteste Tochter will nichts mehr mit der Mutter zu tun haben. Die Kinder kennen nur die Oma des Vaters.

Nur die zweitälteste Tochter, Jana, hält zur Mutter. Sie ist jetzt 29 Jahre alt, hat eine kleine Tochter, einen arbeitsamen Mann und eine gemütliche Wohnung. Solange sie denken kann, hat sie ihrer Mutter Geld zugesteckt. 100 bis 150 Mark jeden Monat. Sie hat ihr die Wohnung besorgt, die Greinert ausbrannte. Sie ist die einzige, die sie im Gefängnis besucht. Aus einem Schrank holt sie ein paar Fotos. Ein ganz altes von der Konfirmation der Mutter, ein Hochzeitsbild mit dem zweiten Ehemann und eines, das die Mutter als Schlagersängerin zeigt. »Sie war im Schlagerchor im »Haus der jungen Talente« und konnte auch Akkordeon spielen. Aber der Alkohol und die vielen Zigaretten haben ihre Stimme kaputt gemacht. Wenn sie zum Schluß beim Geburtstag sang, mußte man sich die Ohren zuhalten. Meine große Schwester hat die Mutter einmal gesehen, wie sie auf dem Alexanderplatz betrunken gesungen hat. Sie ist schnell weitergelaufen.«

Dann kommt ihr Mann nach Hause. Er will nicht über die Schwiegermutter reden. »Die hat oft genug im Treppenhaus randaliert, einmal kam sie nachts um drei mit der Polizei, und jedesmal total beschimpft hat sie mich, wenn sie betrunken war. Nee, dit ist schon gut, dit die im Knast ist. Da haben wir unsere Ruhe.« Jana sagt nichts. Morgen fährt sie wieder ins Gefängnis.

Die getönte Tür fällt sanft hinter mir ins elektronische Schloß. Menschen hinter getönten Glaswänden stellen mir Fragen, bekommen Antworten. Türen öffnen sich, schließen sich, ich werde abgetastet, muß Treppen hochgehen, weitere Türen passieren, bis ich irgendwann in einen kleinen hellen Raum trete. Monika Kößler hat sich schick gemacht. Ihre Haare sind frisch frisiert, die Fingernägel knallrot lackiert, nur die wächserne ungesunde Gesichtsfarbe, der zahnlose Mund und die Brandwunden an ihrem Arm erzählen von früher. Wir machen aus, daß sie mir in der halben Stunde, die wir haben, soviel wie möglich aus ihrem Leben berichtet.

Lehmann kommt oft, sagt sie. »Und heulen tut er immer. Also jut. Ick bin Sängerin gewesen, und Klavier konnte ick auch. Mein Stiefvater wollte immer was ganz Besonderes aus mir machen. Im Schlagerchor hat es Abwerbungen gegeben in Richtung Chanson, bitte schön, aber ick hab' nun mal Schlager geliebt. Dann war ick im ›Sporthaus Olympia‹ und dann Telefonistin im ›Colosseum‹, keine popelige Platzanweiserin, wobei ick nichts gegen Platzanweiserinnen sagen will. Das Künstlerische war ein bißchen dringewesen in der Familie. Mein Stiefbruder Heinz Schröder dürfte Ihnen wat sagen. Nein? Er war Schauspieler. Vor allem Nazirollen in Serien und so. Und Wolfgang Arlt, mein richtiger Bruder, war zweifacher Skatmeister in Berlin gewesen, stand sogar in der Zeitung. Später hatte er dann einen Weihnachtsbaumstand in der Dimitroff. Mit Zuckerwatte. Leider ist mein anderer Bruder aus dem Fenster gestürzt. War so bißchen das schwarze Schaf gewesen. Mit mir. Sigi Kößler, mein Zweiter, war ja Fußballer. Dann hat er Scheckbetrug gemacht, und wir mußten nach Riesa. Er hat jetzt einen Barkas, einen Obststand und säuft wohl nicht mehr so ville. Den Kindern geht's allen gut. Auf meine Kinder bin ick stolz. Muß ick ja auch als Mutter.«

Der Wärter bittet, zum Ende zu kommen. »Ick werde dann wahrscheinlich Herrn Böhm heiraten. Warum auch nicht? Der hat mich gefragt. Und der trinkt nicht. Mal ein Bierchen, aber dagegen hat ja keiner was«, sagt Frau Kößler noch schnell. »Irgendwas muß ick ja machen, wenn ick hier rauskomme.« Der Wärter tippt mir ein letztes Mal auf die Schulter. Die halbe Stunde ist seit zehn Minuten vorbei.

Beim Gang durch die vielen Türen denke ich an Staatsanwalt Rolfsmeyer. »Natürlich hätte sie auch Glück haben können, wenn sie eine meiner jungen Kolleginnen, die sich eher als Sozialarbeiterinnen verstehen, bekommen hätte«, sagte Rolfsmeyer zwei Wochen nach dem Urteil. »Die hätten bestimmt nur zwei Jahre beantragt.«

Monika Kößler hat aber kein Glück.

Der Kohlhaas von Köpenick

Von seinem Sofa aus rechnet Aurel Müller-
Schönlein mit dem »Mistvolk« dieser Welt ab

*»Bei der Aussprache kam es zu keinem vernünftigen Er-
gebnis. Sofort bemerkte ich, daß man mich nur verschau-
keln wollte. Ich bin nicht aus der Partei rausgeflogen. Ich
bin ausgetreten. Wegen Schweinereien.«*

Beschwerde 1984

*»Was ist mit meinem versprochenen Bargeldgewinn? Soll-
ten Sie mich weiter verarschen, bringe ich die ganze Sache
an die Öffentlichkeit. Mein Name lautet übrigens Müller-
Schönlein. Nicht Müller-Schönle!«*

Beschwerde 1994

Wie er da so sitzt, fest in die Schondecke der Couch gegossen, umgeben von friedlichen Sofakissen, ein wissendes
Lächeln im Bart, verschiedene Zigarettenschachteln exakt
auf dem Tisch ausgerichtet und auch sonst alles in Reichweite, was er braucht, Aschenbecher, Seltersflaschen und
das Feuerzeug, direkt an der Tischkante, kurz vor dem
Unterhemd, das von seinem mächtigen Bauch bedrängt
wird, das Fernsehprogramm von heute, davor, rechts
neben seiner Kaffeetasse, ein Duden, auf dem, parallel
zum Buchrücken die Fernbedienung wartet, die zu dem
TV-Gerät gehört, das sich in einer Achse mit ihm selbst
und dem Ölbild, das ein Segelschiff auf hoher See zeigt,
befindet, und rechts in einem Schrankwandfach, im
äußersten Bereich seiner Reichweite das Kreuzworträtsel-
lexikon, wie er also sitzt, wie er die meiste Zeit des Tages
sitzt, könnte man denken, er sei zufrieden. Doch Aurel Müller-Schönlein ist nicht zufrieden. Wie auch?

»Seit ick zwölf bin, mach' ick Opposition«, sagt er. Das ist sein ganzer Stolz. Und auch die Tragik dieses Mannes.

Vielleicht hängt es damit zusammen, daß Aurel Müller-Schönlein den unglücklichen römischen Kaiser Mark Aurel, nach dem er benannt wurde, für einen Widerstandskämpfer aus dem Mittelalter hält. Vielleicht auch damit, daß sein Vater dem zwölfjährigen Aurel riet: »Junge, laß dir nichts gefallen. Hau immer zurück.« Wer weiß.

Auf jeden Fall verstritt sich Aurel Müller-Schönlein, gelernter Koch und Bürger von Köpenick, zunächst mit seinem Vater und dann mit dem Rest der Menschheit. Soweit er zurückblicken kann, hatte er vor allem Feinde. Erst die Kapitalisten, dann die Stalinisten, Kollegen, Parteisekretäre, Nachbarn, Honecker, Ulbricht, Gorbatschow und nun wieder die Kapitalisten. Und die Versandhäuser. Die Welt hat sich gegen ihn verschworen. Und sie wurde nicht besser dadurch, daß er sie in den letzten zwei Jahren vor allem aus der Sofa-Perspektive zur Kenntnis genommen hat.

Eigentlich hat er die Presse ja bestellt, um den »orjinalen Beschiß« aufzudecken, den die Versandhausfirmen ihm Tag für Tag in den Briefkasten werfen. Die ganzen BMW und Mercedes, die Geldbündel und Schiffsreisen, die sie ihm versprachen, wenn er nur ihre Billiguhren, Flaschenöffner und Spezialcremes bestellt. Er hat bestellt und bestellt und müßte eigentlich »der reichste Mann von Köpenick« sein. Eingetroffen ist aber nur eine Kette mit Blechherz, die sogar seine kleine Enkeltochter verschmähte.

Da das nun aufgedeckt ist, und endlich mal jemand da ist, der ihm zuhört, kann er auch den ganzen anderen Betrug enthüllen. »Im Grunde bin ick mein ganzet Leben nur betrogen worden. Und habe immer dagegen angekämpft. Ick bin ein orjinaler Kohlhaas, hör mal. Also nimm mal für deinen Artikel die Überschrift: Kohlhaas, früher beschissen, heute beschissen. Ick hol' mal die Beweise.« Er stemmt sich aus dem Sofa.

»Wo hab' ick denn die Ordner?« ruft er aus dem Wohnzimmer raus ins Dunkel, wo sich offenbar seine Frau befindet. »Welche Ordner denn?« ruft sie zurück. »Na die mit

den Beschwerden. Dit Stalinistenzeug.« Müller-Schönlein hat jetzt jede Schranktür mindestens zweimal auf- und wieder zugemacht und ist ein bißchen wütend. »Die haste weggeschmissen«, ruft seine Frau. »Niemals hab' ick die weggeschmissen. Dit sind Beweise.« Dann verläßt er das Wohnzimmer. Man hört weitere Schranktüren klappen und Gesprächsfetzen. »Weggeschmissen ... Beweise ... Schweinebande.« Schließlich kehrt Müller-Schönlein mürrisch ins Wohnzimmer zurück. »Vielleicht hab' ick dit auch versteckt. Damit die Scheiße keiner findet.« Doch dann spürt er den Ordner mit dem Beweismaterial doch noch auf.

»Dit ging allet hoch bis zu Erich«, erzählt er, als er wieder auf dem Sofa sitzt. »Ick hab' jeden Tag damit gerechnet, daß ick abgehe. Und ufm Bürgersteig bin ick immer ganz dicht an den Häusern langgelaufen. Damit mich nicht ganz zufällig ein Auto überfährt.« Aurel Müller-Schönlein startet nun zu einer wilden Verfolgungsfahrt durch sein Leben. Sie ist bunt und verwirrend, liefert aber keinerlei Gründe, jemanden vorsätzlich mit dem Auto zu überfahren.

Wir sind in den 60er Jahren, Müller-Schönlein ist »junger Genosse«, Fahrer im Finanzminsterium und verbrennt sich die Zunge. Woran? »Na politisch.« Dann ist er Koch auf einem Fischfangschiff und legt sich mit dem Kapitän an. »Schwarz ist nicht weiß«, habe er ihm gesagt, worauf der Kapitän seine Kartoffelpuffer einmal verächtlich und vor allen »Blaßärsche« nannte. Seine erste Frau trennte sich von ihm, weil er so selten da war, er bekam Gürtelrose und sein erstes Magengeschwür. Und weil er sich immer so geärgert habe, seien später noch einige dazugekommen. Aurel Müller-Schönlein steht auf, zerrt sich das Unterhemd hoch bis zur Brust und zeigt seinen gewaltigen weißen Bauch. »Dit ist ja nicht zufällig so dick«, erklärt er und tastet sich vorsichtig ab. »Dit ist ein orjinaler Narbenbruch, hör mal.«

Nachfragen beantwortet Müller-Schönlein nur ungern. Er hetzt weiter durch sein Leben. In Schleuderfahrt geht es durch die Küchen von Kantinen und Gaststätten, Namen von Objektleitern, Parteisekretären, Direktoren wirbeln vorbei, Entlassungsgründe, Klagen, Betrügereien schwirren durch das kleine Zimmer, daß einem schwindlig wird. Nur eine Konstante gibt es. Das Opfer: Aurel Müller-Schönlein. Eine Küche verließ er, weil der Objektleiter Salamis und Fischbüchsen verschob, einmal ging er, weil man Metallspäne in seinen Buletten gefunden hatte, ein anderes Mal, weil er seine Kollegen »Mistvolk« genannt hatte und dabei blieb, einmal rammte er einem Kollegen ein Messer in den Hintern, weil der Erich Honecker beleidigt hatte, und seinen letzten Betrieb verließ er unter anderem, weil »es mich ankotzte, dem Westarsch von Direktor immer das Essen warmzuhalten, obwohl längst Küchenschluß war«.

1977 ist er aus der SED ausgetreten. Wieder hatte er einen Betrug aufgedeckt. Er wandte sich an die Zentrale Parteikontrollkommission. »Da erzählte mir die olle Kuh, daß die Beweise, die ick gesammelt hatte, nicht reichen. Da wollte ick natürlich gleich Honecker sprechen. Da sagte mir die Olle, dit der keine Zeit hat. Na da bin ick doch stutzig geworden. Angeblich hatte der doch für jeden Zeit. Ick vermute mal, sie haben ihn gar nicht gefragt, ob er mit mir sprechen will. Da bin ick ausgetreten. Dit hatten se nun davon.«

Trotzdem sei er Kommunist geblieben, erklärt Müller-Schönlein, Thälmann-Kommunist allerdings. »Weil Thälmann für einen gerechten Kampf war und auch mal zugeschlagen hat, wenn ihn was gestört hat. Der war wie ick bin.«

In dem roten Hefter, den er so lange suchte, liegen ein paar Beschwerdebriefe, die Müller-Schönlein selbst getippt hat, ein Zeitungsausschnitt über einen Schauspieler, den er immer bewundert hat, ein paar Begründungsschreiben für Prämien und seine Facharbeiterarbeit. »Thema: Der Fisch und seine Bedeutung für die menschliche Ernährung.« Beweise. Die Frage ist, wofür.

Seine Frau bringt Kaffee. Sie ist älter als Müller-Schönlein, sie hinkt ein bißchen und schnauft leise. Sie hat seit Ostern die Wohnung nicht mehr verlassen. »Sie wollte ja immer mal nach Griechenland«, sagt er. »Aber wat soll ick denn mit der Ollen in Griechenland. Die fällt mir doch um bei der Hitze.« Seine Frau sagt nichts. Vielleicht hat sie eine besonders dicke Haut.

Mit seinem Vater redete er kein Wort mehr, als er erfuhr, daß er seine Mutter noch betrog, als sie schon sterbenskrank war. Das ist jetzt über dreißig Jahre her. Mit seiner Schwester überwarf er sich, »als sie diesen Idioten heiratete«. Mit seiner einzigen Tochter brach er den Kontakt ab, weil sie über Ungarn in den Westen flüchtete. Mit der Zuneigung seiner Frau spielt er täglich, mit seinen Nachbarn redet er nicht. Einer aus dem Nebenaufgang, so glaubt er, hat ihn mal verpfiffen, weil er angeblich nachts mit dem Dienstfahrzeug eine private Tour unternommen habe. »Der war Wahlfälscher«, sagt Müller-Schönlein.

In den letzten Jahren hatte er kaum noch persönlichen Kontakt zu seinen Feinden. Er redet ja mit keinem mehr. Und an Kohl, »diesen Vollidioten«, komme man nicht ran, sagt er. So kämpft er nur noch mit der Frau auf dem Arbeitsamt und in seinen Briefen an die »schweinischen« Versandhausfirmen und Busunternehmen für Gerechtigkeit. An »Julia-Reisen«, mit denen er mal eine Einkaufsfahrt nach Polen unternahm, schrieb er: »Sie haben mich so verärgert, daß ich kein Interesse mehr habe, an Ihren Fahrten teilzunehmen.«

Aurel Müller-Schönlein, Köpenicker und Koch, sitzt auf dem Sofa und schimpft auf die »roten Socken« und die CDU, die »Schweinechaoten«, die Neonazis und die SPD, auf die »arroganten Westärsche«, Schabowski und die deutsche Nationalmannschaft, auf »Hanussen«, der ihm eine Schiffsreise in die Karibik schulde, und auf den »Gehirnarsch, der den Rasen vor unserem Haus bei der größten Hitze gemäht hat, so daß jetzt allet verbrannt ist«. Als ein aufkommender Wind durchs offene Fenster fährt und die Blätter mit dem Beweismaterial aufwirbelt, meckert er auch mit ihm. »Was soll denn das, du Scheißwind.«

Manchmal nachts schreibt Aurel Müller-Schönlein an seinem Buch. »Der Märchenprinz« heißt es und handelt von seinem Vater. Dreieinhalb Seiten kleinkarierten Papiers hat er bis jetzt beschrieben. Er liest den ersten Satz vor. »Dieses Buch ist einem Manne gewidmet, dessen Sohn durch Familienzerwürfnisse jeglichen Kontakt zu seinen engsten Verwandten abbrach und doch seinen Vater als Held betrachtet.« Die Worte stehen nicht lange im Wohnzimmer. Aurel Müller-Schönlein meckert auf die Stalinisten, die auch seinen Vater schikaniert hätten.

»Erzähl doch mal, was gut war«, bittet seine Frau überraschend. »Es war ja nischt gut«, erwidert er trotzig.

»Kohlhaas«, erinnert er an der Tür. »Gestern beschissen, heute beschissen. Und vergeßt nicht ›Hanussen‹ anzuzählen und die Firma Prinzess, von der hab' ick noch 'ne goldene Uhr zu kriegen. Und die ganzen andern Ärsche. Und fotografiert mal den vertrockneten Rasen vor dem Haus. Als Beweis.« Dann klappt die Wohnungstür zu, wir gehen die Treppen runter. An lauter Wohnungen vorbei. Mit Sofas und womöglich mit begonnenen Büchern. Was war eigentlich der »orjinale Beschiß«, der uns hierhergelockt hat? Wir gehen raus an die frische Luft.

Müller-Schönlein guckt aus dem Fenster und kontrolliert, ob wir den verbrannten Rasen fotografieren. Als Beweis.

Eigentlich ja

Ein Tag im Leben

Es würde ein schöner Herbsttag werden. Es war kühl, klar, und der goldene Engel glitzerte in der Berliner Morgensonne. Ich stand zwischen vielen dampfenden Autos auf der Straße des 17. Juni, brannte mir die erste Zigarette des Tages an, hörte mit einem Ohr die Autoradio-Nachrichten und dachte an meinen Arbeitstag. An Harald Buttler.

Ich hatte ihn gestern abend bei der Einweihung eines großen Einkaufcenters in Berlin-Hellersdorf kennengelernt. Er sah sympathisch aus, ein bißchen wie Gorbatschow, er redete langsam und bedächtig, er hatte gute, ruhige Augen. Aber er hatte am kalten Büfett gedrängelt und sich den Teller so voll geladen, daß die Bratenscheiben vom Rand baumelten. Da vergaß ich seinen dunklen, gut fallenden Anzug und stellte mir vor, wie er früher im FDGB-Heim um die Salami gekämpft hatte. Später, als er dann zwischen seinen Genossen am Tisch saß, die Schinkenröllchen mit Bier runterspülte, und ich ihn nach seiner DDR-Vergangenheit fragte, gefiel mir seine selbstbewußte, ruhige Art überhaupt nicht mehr. Diese »Meine Biographie fängt nicht erst 1990 an«-Nummer. Natürlich war ich hauptamtlicher FDJ-Sekretär, natürlich hab' ich ein Parteistudium gemacht. Natürlich, natürlich, natürlich. Eine bestimmte Art von gutgelaunter, selbstverständlicher Offenheit, die all die fiesen kleinen Seiten des Funktionärsdaseins umschifft und keinerlei Reue oder Zweifel zuläßt.

Diesen Mann sollte ich porträtieren. Harald Buttler war auf dem besten Weg, PDS-Bürgermeister von Marzahn zu werden. Das machte die Sache schwierig. Das hätte sie auch schwierig gemacht, wenn er ein netter Kerl gewesen wäre.

Wie viele Menschen, die sich mehr oder weniger mit der DDR identifiziert hatten, hatte ich Probleme mit dieser Partei. Sie war mir zu nah. Manchmal machte sie mir ein schlechtes Gewissen und manchmal die Freude, daß alles so gekommen war, wie es gekommen war. Das hing von den Menschen ab, in denen mir die PDS begegnete. Einige wollten, daß es so ist wie früher, andere wollten die Welt einreißen. Aber immer zwangen sie mich, mich mit mir selbst zu beschäftigen.

Ich quälte mich am Potsdamer Platz vorbei, verfluchte den Stau und freute mich über die Kräne. Ich hatte keine Zeit, aber diese Hektik gefiel mir. Ich erwartete den Moloch lächelnd. Kein Haus stand für die Ewigkeit. Die Ungewißheit einer großen Stadt war das, was ich suchte, weil ich es mir leisten konnte. Und ich verstand die, die diese Aussichten ängstigten.

Ich stand mittendrin. Ein ehemaliger Parteijournalist, der jetzt viel Geld verdiente. Urlaub in Amerika, Fans im Neubaugebiet. Um Kontinuität bemüht und um Erneuerung. Vorurteile gegen Yuppies und Stalinisten. Meine Lieblingswörter waren »irgendwie«, »ziemlich« und »ein bißchen«.

Das Problem war, daß ich nicht nur über Harald Buttler schreiben mußte, sondern auch über die Zehntausenden Menschen, die ihn gewählt hatten. Ich wollte sie nicht ignorieren, aber ich wollte sie auch nicht beurteilen. Nur leider war das mein Job.

Ich fand überraschend schnell einen guten Parkplatz vorm Sozialsenat an der Urania. Ich glaube, es lag an den neuen Parkscheinautomaten, die überall in der City standen. Ich sollte nicht soviel Auto fahren, aber ich mochte diese Parkscheinautomaten. An manchen Tagen mochte ich sogar die *BILD*-Zeitung, die sie haßte.

Buttler nahm an einer Sitzung über Koordinierungsstellen in der Altenpflege teil, die von einem nachdenklichen jungen Mann geleitet wurde, der in jedem zweiten

Satz die Floskel »ein Stück weit« unterbrachte. An seiner Seite saß der Koordinierungsstellen-Experte, ein Mann mit grauer Schüttelfrisur und Nickelbrille, der Sätze sagte wie: »Ganz zentral wichtig sind die Koopertionsschienen«, es gab einen alten lokalpolitischen Haudegen aus Wilmersdorf mit kleinkariertem Jackett und Goldrandbrille, eine ältere Sozialpolitikerin aus Charlottenburg und eine junge aus Friedrichshain, die vor ein paar Jahren gut und gerne eine FDJ-Sekretärin hätte sein können, und es gab Buttler, der geschäftig lose, kleinkarierte Zettelchen vollkritzelte und in seiner trägen, bedächtigen Art Fragen stellte. Er schien sehr neugierig, bemüht und ein bißchen tapsig. Manchmal rollte der sanfte, junge Mann, der die Sitzung leitete, leicht genervt mit den Augen, wenn Buttler eine seiner konkreten Fragen stellte. Harald Buttler wirkte in diesem Kreis von abgezockten Berufspolitikern und aufgeklärten Wichtigtuern völlig deplaziert. Wie ein Ostler. Ich wußte, warum sie ihn in Marzahn mochten. Ich mochte ihn ja auch. In diesem Moment. Wir waren beide fremd hier.

Nach zwei Stunden setzte sich Buttler in seinen Mitsubishi Colt und fuhr in die Boxhagener Straße, wo in einem Hinterhof eine Senioren-Betreuungsstelle eröffnet wurde. Es war immer noch Vormittag, und es gab Sekt. Rotkäppchensekt.

Buttler wurde begrüßt wie ein Stargast. Er hielt eine kurze, inhaltsleere Politikerrede und zog sich dann mit ein paar Funktionären zum Kurzumtrunk ins Hinterzimmer zurück. Ein alte DDR-Tradition. Das laute Lachen der Trinker drang auf den Flur, auf dem einsam Helios Mendiburu, der SPD-Bürgermeister von Friedrichshain, stand. Er tat mir leid. Ich lächelte ihm linkisch zu. Wir waren beide fremd hier.

Am Nachmittag zeigte mir Buttler seinen Stadtbezirk. »Alles Gute!« »Machen Sie weiter so!« »Ich hab' Sie auch gewählt«, riefen ihm Passanten zu. Buttler lächelte stolz. Manchmal war er sehr sachlich, und manchmal hetzte er gegen seinen SPD-Konkurrenten. Manchmal vergaß er mich, und manchmal spielte er mir was vor. Er legte mir die Klischees vor die Füße. Er wohne in einer Drei-Zimmer-Neubauwohnung, und den Trabant habe er erst Anfang des Jahres verkauft. Einmal ging er schnell auf einen jungen Mann zu, der auf einem Parkplatz unter seinem Trabant lag und fragte ihn, was denn kaputt sei.

Manchmal mochte ich ihn und manchmal nicht. Es war nicht leicht mit Buttler, es war nicht leicht mit der PDS. Es war nicht leicht mit uns.

Es dämmerte, als ich Marzahn verließ. Ich fuhr die Otto-Buchwitz-Straße, deren neuen Namen ich mir immer noch nicht merken kann, hinunter, an einer endlosen Kette von Neubauten vorbei bis nach Biesdorf, viele Autos, ein paar alte Häuser, dann wieder Neubauten, ein staubiger Tunnel, am Bahnhof Frankfurter Allee vermißte ich die Vietnamesen. Hatten sie hier nicht neulich noch Zigaretten verkauft? Neulich? Wann war ich hier zum letzten Mal?

Es gab ein glänzendes, neues Kaufhaus. Kurz vor der Eröffnung offenbar. Ich sah die Leute schon drängeln. Leere Augen hinterm Einkaufswagen. Wie die erschöpften Frauen, die damals an grauen Morgen ihre müden Kinder zur Krippe schleiften. Gehörte ich noch zu ihnen? Wahrscheinlich würde ich hier nie einkaufen gehen. Das war nicht mehr meine Stadt.

Als die Frankfurter Allee aufhörte und die Karl-Marx-Allee anfing, begann ich mich wieder zu Hause zu fühlen. Wahrscheinlich lag es am »Kosmos«, ein Kino, das ich manchmal besuchte. Ich ging immer noch lieber in Ost-Berliner als in West-Berliner Kinos, aber sie mußten gute Sitze haben, eine ordentliche Leinwand und frisches Popcorn. Osten mit Westniveau gewissermaßen. Meine Kinos lagen alle in Mitte, Prenzlauer Berg und im Friedrichshain. Das war mein Ost-Berlin. Hier wohnten alle meine Freunde. Nach Hellersdorf oder Marzahn fuhr ich nur noch, wenn ich dort zu tun hatte. Ich mochte die Karl-Marx-Allee wegen ihres Namens und weil sie mich an New York erinnerte. Sie wirkte ein bißchen größenwahnsinnig, aber wenigstens nicht kleinkariert. In den Häu-

sern gab es alte Fahrstühle, deren Kabinen mit Gitter-
türen geschlossen wurden, in ihren Wohnungen lag Par-
kett.

Als ich Berlin-Mitte, meinen Stadtbezirk erreichte, war
es dunkel. Ich fuhr die Linden runter, bog in die Friedrich-
straße, fühlte mich nun endlich zu Hause, im Osten zwar,
aber den Westen griffbereit.

Ich war pünktlich im »Borchardt«.

Dietrich von Boetticher war noch nicht da. Es war überhaupt niemand da. Es war 18 Uhr, das »Borchardt« war
leer. Kürzlich hatte eine Journalistin behauptet, in dem
vornehmen Restaurant in der Französischen Straße trä-
fen sich die Gewinner. Vielleicht gab es zur Zeit wenig Gewinner, oder die Gewinner arbeiteten alle noch. Jedenfalls
war ich der einzige Gast. Ein Dutzend junger hübscher
Kellner lungerte elegant am Tresen, und ich kam mir ein
bißchen blöd vor, als ich in der menschenleere Halle nach
dem reservierten Tisch fragte. Der junge Mann führte mich
souverän an all den leeren Stühlen vorbei zu einem Tisch
in der Mitte des hohen Raumes. Ich setzte mich, bestellte
einen Kaffee und fühlte mich wie Noodles, der in »Es war
einmal in Amerika« in einem großen leeren und vornehmen Restaurant allein mit seiner Geliebten dinierte.
Es gab keine Streichergruppe, und es gab keine Geliebte,
aber sonst stimmte alles.

Von Boetticher war ein steinreicher Münchener Rechtsan-
walt, der den Verlag Volk und Welt und die *Wochenpost*
gekauft hatte. Er suchte Journalisten, deswegen saß ich
hier.

Ich hatte schon mit vielen Leuten gesprochen, die Journalisten suchten. Mit Leuten von *Stern, Spiegel, Tango*
und der *Woche*. Sie waren nach Berlin gekommen, oder ich
nach Hamburg, wir hatten telefoniert, wir gingen Essen.

Es war nie irgend etwas dabei rausgekommen. Außer einer neuen Möglichkeit. Ja, ich traf mich mit ihnen. weil ich
mir alle Möglichkeiten offenhalten wollte. Und weil es mir
wehtat, jemandem zu sagen: Ich habe kein Interesse. Ich

konnte es einfach nicht. Ich telefonierte seit fast einem Jahr regelmäßig mit einem jungen Redakteur, der wollte, daß ich einen Text für die Architekturzeitschrift schreibe, bei der er arbeitete. Ich würde ganz sicher niemals einen Text für eine Architekturzeitschrift schreiben, aber wie sollte ich das ausdrücken. Ich traf mich mit ihnen, weil ihr Interesse an mir schmeichelhaft war. Letztlich war es ja sogar schmeichelhaft, daß jemand glaubte, ich hätte den Lesern einer Fachzeitschrift irgend etwas mitzuteilen. Ich traf mich mit ihnen, weil ich glaubte, daß es zu dem Spiel des Marktes gehörte, das ich immer noch nicht richtig begriffen hatte. Und ich traf mich mit ihnen, weil ich eitel war.

Es war schön, umworben zu sein.

Ich traf mich also mit dem und mit dem, wobei ich dem einen vom anderen nichts sagte, oder nur manchmal, wenn es paßte. Ich ließ mich umwerben, genoß das Interesse an mir und das wohlige Kribbeln der Alternativen: »Sie hätten Leser in ganz Deutschland!«, »Sie könnten um die ganze Welt reisen!«, »Sie würden bei uns soviel verdienen, wie ein Staatssekretär in Bayern!«, »Sie hätten mehr Platz für Ihre Reportagen!«, »Wir sind hier eine ganz junge Mannschaft!«, »Wir wollen die Reportage, die klassische Reportage pflegen!«, »Sie hätten natürlich Kollegen von anderem Kaliber an Ihrer Seite!«, »Unser Blatt öffnet Ihnen ganz andere Türen als die *Berliner Zeitung*!«, »Sie müssen sich weiterentwickeln!« »Ich sag' Ihnen ganz ehrlich, Sie können natürlich nicht ewig bei einer Lokalzeitung bleiben!«, »Lassen Sie sich Zeit, aber entscheiden Sie sich!«.

Die Verlockungen zogen und zerrten an mir, und manchmal machten sie mir Angst. Gelegentlich war die Versuchung so groß, daß mir schlecht wurde, gelegentlich lachte ich sie aus. Es war ein Spiel, und es waren die Regeln. Ich traf mich, überlegte, überdachte, überschlief, ich war interessiert, äußerst interessiert, ich entschied mich, nahm mir Zeit, war hier im Gespräch, dort schon fast da, hier auf dem Absprung, dort immer willkommen. Und manchmal alles gleichzeitig. Ich führte einen Kalender wie ein Ehebrecher. Und wie bei Ehebrechern geht das bekanntlich in die Hose, wenn man einen Fehler macht.

Ich hatte nie, aber auch nie, den kleinsten Gedanken daran verschwendet, zu *Tango* zu gehen. Ich wußte zwar noch nicht wie die neue »Informationsillustrierte« aussehen würde, aber ich ahnte es. Ich wußte ja wie *Focus* war, und ich wußte, daß Hans Herrmann Tiedje, der Chefredakteur von *Tango*, zuvor die *BILD*-Zeitung gemacht und dickbusige Blondinen für Thomas Gottschalks Talkshow rangekarrt hatte. *Tango* wäre nie meine Zeitung geworden, aber Tiedje interessierte mich.

Die Chefredakteure erzählten ja viel, wenn sie jemanden gewinnen wollten. Einer hatte mich mal mit den Worten begrüßt: »Gut schauen Sie aus«, obwohl ich Zahnschmerzen hatte, erkältet war und aussah wie eine Käsetorte. Aber ich hatte auch einen offenen, klugen und komischen stellvertretenden Chefredakteur der *Woche* kennengelernt und Matthias Greffrath, der einst die *Wochenpost* leitete. Ein Mann mit Ziegenbart und Bauch, der aussah, als sei er einem Musketierfilm entstiegen. Greffrath nagelte mich mit Zitaten aus der klassischen Literatur an die Wand, konnte zauberhafte Visionen entwerfen, spinnen, klatschen und Spargel kochen. Ich hätte ihn nicht gern zum Feind gehabt, aber ich fand ihn einfach umwerfend. Ich habe mich bestimmt zehnmal mit ihm getroffen, und zum Abschied sagte er immer: »Ach ja, ich brauch' es Ihnen ja eigentlich nicht zu sagen. Ich hätte Sie natürlich gern bei der *Wochenpost*.« Es waren die unterhaltsamsten Abwerbungsgespräche. Einmal aßen wir Grünkohl, immer tranken wir Bier, und manchmal hatte er mich fast soweit. Und dennoch war es gerade Greffrath selbst, der mich daran hinderte, meine Zeitung zu verlassen. Ich konnte mir nicht vorstellen, daß so ein Mensch in diesem Gewerbe lange überlebt. Wenn man ihn zwischen den Hamburger Verlagsmenschen sah, krawattenlos und mit wehendem Haar, mußte man immer befürchten, daß er gleich ein faules Ei aus der Tasche zog, um es einem dieser Lackaffen, die keine Zeitungen machen wollten, sondern Gewinne, an den Kopf zu werfen. Er war ihr Narr, und irgendwann würden sie seiner überdrüssig werden. Narren machten in großen Unternehmen keine Karriere auf der Chefebene. Narren mußten Individualisten bleiben. Sie mußten so unabhängig sein, wie es überhaupt möglich war. Ich wußte das. Denn ich war selbst ein Narr. Es war nicht leicht, das einzusehen. Aber irgendwann gewöhnte man sich daran, und dann war es eigentlich ganz angenehm.

Wie würde Tiedje sein? Ich hatte viel über seine dicken Havannas und seine rüde Umgangsform gelesen. Von unbequemen Mitarbeitern pflege er sich in drei Etappen zu trennen, hatte er gesagt: »Beinschuß, Bauchschuß, Kopfschuß«. Ich wollte den Mann kennenlernen. Deswegen, sagte ich am Telefon zu. Wir trafen uns an einem Vormittag im Bistro »Friedrich's« in der Nähe des Checkpoint Charlie.

Leider war Tiedje nicht da. Da saßen nur zwei langweilige Stellvertreter, die Tiedje, wenn sein Rambo-Ruf nur halbwegs stimmte, eigentlich lange hätte erschießen müssen. Einer war dick und sagte gar nichts. Der andere war auch dick, sagte, daß er meine Artikel liebe, und nannte mich immer »Herr Osahl«. Insofern traute ich seinem Versprechen, in *Tango* »ganz lange Geschichten« schreiben zu können, nicht besonders. Aber darum ging es ja auch nicht. Ich bestellte einen frischgepreßten Orangensaft, der vorzüglich war, und dann kam auch Tiedje. Er hatte einen Zigarillo in der Hand und sagte, daß er den Bildredakteur meiner Zeitung sofort rausschmeißen würde. Er lümmelte auf dem Stuhl, er pulte in den Zähnen und redete sehr laut. Ich hatte den Eindruck, daß er mir hier den Rambo nur vorspielte, und zwar schlecht. Ich war enttäuscht und wollte gehen.

Da ging die Tür auf, und Matthias Greffrath kam herein. Der Mann, den ich so mochte, der geistreichste Chefredakteur, den ich je kennengelernt hatte. Und ich saß hier mit diesen Boulevardjournalisten, die demnächst eine Infoillustrierte rausbringen würden. Und es war noch viel schlimmer. Greffrath war gestern entlassen worden. Von eben jenem Verlag, der Tiedje im Augenblick Unmengen Zucker und Geld in den Arsch blies. Die *Wochen-*

post würde *Tango* später geopfert werden. In diesen Tagen wurde erst mal Greffrath Tiedje geopfert. Greffrath würde mich für einen Verräter halten. Einen geldgierigen Überläufer mit schlechtem Geschmack.

Es war fürchterlich.

Greffrath verlängerte die Qualen. Er sah mich nicht sofort. Er setzte sich mit seinem *Wochenpost*-Stellvertreter an einen Tisch in der anderen Ecke des Bistros und ordnete seinen Nachlaß. Wenn Tiedje nicht so rumgebrüllt hätte, wäre womöglich alles gutgegangen. Aber der konnte nicht anders. Er mußte ja unbedingt den Bauarbeiter raushängen lassen. Ich verfluchte ihn, seine dickbäuchigen, dummen Stellvertreter und meine elende Gefallsucht. Greffrath redete mit seinem Stellvertreter, der Dicke, der mich immer Osahl nannte, redete irgendwas, Tiedje lachte scheppernd, ich dachte an einen Hinterausgang. Und als der Kellner die Rechnung brachte, drehte sich Greffrath zu uns um. In diesem Moment begann das Leben in Zeitlupe zu laufen.

Greffrath erkannte Tiedje und dann mich. Er bekam erst einen ungläubigen Gesichtsausdruck und dann einen ärgerlichen. Schließlich machte er langsam den Mund auf und rief, quer durch das Bistro: »Osang, wenn Sie zu denen gehen, rede ich nie wieder ein Wort mit Ihnen!« Für einen Augenblick schwieg das Café.

Der Dicke wunderte sich wahrscheinlich über den Namen, mit dem mich Greffrath angesprochen hatte, und selbst Tiedje hielt einmal die Klappe. Es wäre die Chance gewesen, zurückzurufen: »Lieber würde ich die Straße kehren, als zu diesen Pfeifen zu gehen.« Oder vielleicht: »Ich wundere mich, was Sie mir alles zutrauen. Ich dachte, wir kennen uns.« Aber dazu war ich nicht schnell und wohl auch nicht mutig genug. Ich lächelte ein gequältes, geteiltes Lächeln. Die eine Hälfte sollte Tiedje sagen: Er meint es nicht so. Die andere war für Greffrath und erklärte: Niemals. Ich wäre froh, wenn ich die los bin.

Sie hatten es sicher beide nicht verstanden.

Irgendwann machte Greffrath den Mund wieder zu, drehte sich weg und widmete sich wieder Stellvertreter und

Nachlaß. Ich saß da und fühlte mich nun auch wirklich wie ein Verräter. Einer mit schlechtem Geschmack.

Ich wußte nicht, ob ich jemals ernsthaft überlegt hatte, Berlin zu verlassen. Irgendwie klebte ich an dieser Stadt, ich klebte sogar an meiner kleinen Zeitung. Ich hatte nie begriffen, wie Leute ihre Arbeitsplätze und ihre Städte wechseln konnten wie die Hemden. Vielleicht war ich träge, vielleicht war es das, was sie Ostmentalität nannten. Ich wußte es nicht. Ich wußte nur, daß ich nie wieder zu jemandem wie *Tango* gehen würde. Aber sonst?

Dietrich von Boetticher war sehr nett.

Er mußte unglaublichen Streß haben mit seiner großen Kanzlei in München, den Immobiliengeschäften, von denen ich gehört hatte, dem Buchverlag und der Zeitschrift, die ihm seit kurzem gehörten. Er war heute morgen aus München gekommen, hatte den ganzen Tag schwierige Verhandlungen mit dem Zeitschriftenverlag geführt, dem er die *Wochenpost* abgekauft hatte, mußte nach unserem Gespräch noch schnell zum Verlagschef von Volk und Welt und dann gleich wieder nach München zurück.

Er kam eine gute halbe Stunde zu spät, aber rannte nicht. Er lächelte entschuldigend, bestellte einen Tee und wickelte, als der da war, gewissenhaft und entspannt die Schnur um den Teebeutel. Langsam tröpfelte der Sud ins heiße Wasser seines Glases, langsam tröpfelte Boettichers Rede, er machte Pausen, in denen er nachdachte, er sah mich interessiert an, wenn ich sprach. Ich entdeckte nicht die kleinste Spur von Ungeduld in seinem Blick. Vielleicht machte er Yoga oder so was, dachte ich und schämte mich ein wenig dafür, daß ich immer wieder zu meiner Kolumne abschweifte, die ich noch heute abend schreiben mußte.

Wir plauderten entspannt, ich versprach ihm nichts, er versprach mir nichts, wir würden uns wiedersehen.

Wir hatten es beide eilig. Aber mir sah man es an. Ich sah ihm nach, wie er die Glinkastraße runter zu seinem nächsten Gespräch schlenderte. Dann rannte ich los. Irgendein Idiot hatte mein Auto zugeparkt. Ich fluchte, ich schrie, ich trat gegen das Auto meines Feindes. Dann überlegte ich, was Boetticher in diesem Moment gemacht hätte.

Es war einer dieser Augenblicke, in denen ich beschloß, meinen Lebenswandel zu ändern. Vielleicht morgen, vielleicht nächstes Jahr, aber auf jeden Fall. Keine Zigaretten mehr, Joggen, einen ordentlichen Terminkalender und einen dieser wunderbaren Füllfederhalter oder Kugelschreiber, die Menschen wie Boetticher immer dabei hatten. Sie wissen, daß sie einen dabei haben, sie wissen sogar, welcher es ist, und sie wissen, wo er steckt. Ich wußte gar nichts, ich klopfte mir alle Jackentaschen ab, wenn ich irgendwo unterschreiben sollte, und mußte mir regelmäßig blöde Bemerkungen über Journalisten anhören, die nichts zum Schreiben dabei haben. Es war nur ein Detail, aber es umriß das Problem.

Ich war ein Chaot, ich lebte nur im Augenblick. Ich hatte die Fähigkeit vieler Westkollegen, sofort ein Netzwerk zu stricken, wo sie sich niederließen, immer bestaunt. Sie knüpften Kontakte, luden wichtige Kollegen zum Essen ein, kümmerten sich um Freundschaften, organisierten ihre Freizeit. Sie arbeiteten zäh und kontinuierlich ihren Lebensplan ab, von dem sie konkrete Vorstellungen hatten. Die richtige Wohnung, das richtige Auto, den richtigen Urlaubsort, die richtige Stadt, den richtigen Partner, den richtigen Job. Und alles immer zum richtigen Zeitpunkt. Erst war es mir fremd gewesen, dann hatte es mich geärgert, mal war ich neidisch auf sie, mal taten sie mir leid. Manchmal machten sie mir Angst, manchmal machte ich mir Angst. Und gelegentlich dachte ich, daß ich genauso sein wollte wie sie.

Ich lief die Straße Unter den Linden lang zum Alexanderplatz, wo mein Redaktionsgebäude stand. Ich dachte an meine Kolumne. Vielleicht sollte ich darüber schreiben, daß man spätabends über eine kalte Straße hetzen muß, wenn man es immer allen recht machen wollte. Aber wen interessierte das. Wahrscheinlich würde ich über Fußball schreiben. Oder über früher.

Irgendwann saß ich vor meinem kalten, weißen Computer-Bildschirm, die Tür ging auf, und ein Kollege sagte mir: »Rolf Liebold ist heute gestorben.« Die Tür ging wieder zu, und die Zeit blieb stehen.

Buttler, Borchardt, Boetticher.

Was taten wir eigentlich? Wir hetzten rum, beobachteten, hörten zu, notierten andere Leben. Aber lebten wir selbst? Was blieb von uns übrig? Ich mußte an das Interview denken, daß Hans-Joachim Friedrichs dem *Spiegel* auf seinem Sterbebett gegeben hatte. Es war so seltsam inhaltsleer gewesen. Ein paar exotische Orte waren aufgetaucht, ein paar Berühmtheiten, und draußen vor dem Zaun der Beobachter Friedrichs. Wie ein Traum, an den man sich nach ein paar Stunden nicht mehr richtig erinnern kann. Als einen Höhepunkt seines Lebens hatte er den Moment bezeichnet, als er die Nachricht vorlas, daß die Mauer gefallen war. Er hatte sie nicht eingerissen, er war nicht mal dabei, er hatte eine Nachricht vorgelesen.

Rolf Liebold war Lokaljournalist, aber das machte keinen Unterschied. Es gibt nur gute und schlechte Journalisten. Liebold war ein guter gewesen.

Er hatte über den Verkehr in Berlin geschrieben, über Staus und Fahrplanänderungen, über Umgehungsstraßen und Schienenersatzverkehr. Er hatte verschiedene Politiker mit albernen Schaffnermützen Züge abfertigen sehen. Er hatte geduldig mit Lesern telefoniert, die ein Problem hatten, das sich nicht in zwei Sätzen erklären ließ. Er hatte einen Senatspreis für vorbildliche Verkehrsberichterstattung bekommen, und in seinem Redaktionsschrank hing ein alter Anzug, den er manchmal überzog, wenn er zu offiziellen Terminen ging.

Wie alle guten Journalisten hatte auch Rolf versucht, die Zeit einzufangen und die Welt. Zumindest wirkte er immer so gehetzt, schlang sein Essen im Sprung hinunter, rannte über die Flure, sammelte alles, hörte jedem zu, rannte weiter, nahm jeden Auftrag an, den er bekam, klebte in seiner Freizeit aus Schnipseln, Meldungen, Notizen und Artikeln, die er sammelte, dicke Berlin-Bände zusammen.

Vielleicht saß er eines Abends mitten in so einem Schnipselberg und erkannte, daß wir es nicht schaffen, die Welt einzufangen. Wer weiß.

Jedenfalls hatte er nachts kleine, komische Geschichten geschrieben, in denen ein trauriger, altmodischer Held durch die modernen Zeiten stolperte. Und er reimte skurrile Gedichte voll kindlicher Wärme, die so gar nicht zu dem großen, schweren Mann paßten, den ich 1990 zum ersten Mal getroffen hatte.

Damals schien Liebold seine Karriere hinter sich zu haben. Und ich meine vor mir. Liebold war schon mal stellvertretender Chefredakteur einer großen Gewerkschaftszeitung gewesen. Er hatte sich auf seine stille Art, die ungerechte Menschen besonders reizt, mit Funktionären angelegt, war in Intrigen geraten und ins Petrolchemische Kombinat Schwedt strafversetzt worden. Er bewährte sich dort, nicht, weil er bereute, sondern weil er ein fleißiger Mensch war. Die letzten Jahre der DDR hatte er als Pressereferent des Berliner Oberbürgermeisters Krack verbracht. Nach der Wende kam er zur *Berliner Zeitung*, und im April 1990 wurde ich sein Chef. Ich hatte mich nie mit irgend jemand angelegt, aber ich war jung.

Liebold hatte eine bewundernswerte Gelassenheit. Nicht einmal hat er den Widerstandskämpfer gespielt. Er hatte keinen Haß auf irgend jemanden, er war, glaube ich, froh, endlich einmal arbeiten zu können. Nur arbeiten. Er war schnell, gut und zuverlässig, er konnte nicht nein sagen und gab einem nie das Gefühl, irgend etwas zu tun, wozu er eigentlich gar keine Lust hatte. Ein Mensch, den man ausnutzen konnte, ohne ein schlechtes Gewissen zu bekommen. Perfekt.

Nach einem Jahr wurde mir die Lokalredaktion zu eng. Als ich ging, hatte ich das Gefühl, Rolf Liebold zurückzulassen. Hinter mir zu lassen. Aber jetzt, an diesem Abend war ich mir nicht mehr so sicher. Hatte ich mich wirklich aufwärts bewegt? War er wirklich stehengeblieben?

Ich hatte ihn in den letzten Jahren auf den Fluren begrüßt, wie man einen alten Schulfreund begrüßt, mit dem man nicht mehr teilt als eine gemeinsam verbrachte Zeit in grauer Vergangenheit. Ich hatte keine Fragen an ihn gehabt. Ich hatte ihn vergessen, aber ich hatte ihn gemocht. Darum schrieb ich meine Kolumne über Rolf Liebold, den toten Lokalredakteur.

Ich preßte meine Erinnerungen an ihn in hundert Zeilen und hoffte, daß ich ihm halbwegs gerecht wurde. Ich stemmte mich gegen die Zeit, obwohl ich wußte, daß es hoffnungslos war, und als ich fertig war, dachte ich kurz daran, daß ich Rolf Liebold gerade ein letztes Mal ausgenutzt hatte. Dann ging ich in die Kantine im achten Stock und holte mir ein Bier.

Es gab Abende, an denen man die Redaktion nicht verlassen wollte. An denen einem die Kollegen näher waren als die Familie, weil man ihnen nichts erklären mußte. Dies war so ein Abend.

Die Kantine hatte zu, und wir gingen runter zum Türken in der Rosa-Luxemburg-Straße, um neues Bier zu holen. Dann saßen wir im Zimmer meines Abteilungsleiters Thomas, der auch mein Freund war, tranken das Bier aus, redeten über Rolf und die alten Zeiten, und immer, wenn es zu traurig wurde, fingen wir an, Witze zu machen. Irgendwann nach dem vierten Bier kam unser Chefredakteur dazu.

Es ging ihm näher als uns allen, wenn jemand aus der Redaktion starb, weil er die Zeitung viel mehr als wir alle als seinen Lebensinhalt betrachtete. Er kam früher als die meisten, er ging später als die meisten, er las jede Seite. Er war ein Arbeiter. Ein einfacher Mensch. Der Sarkasmus, hinter dem wir gelegentlich unsere Verletzlichkeit versteckten, war ihm fremd.

Er nahm sich ein Bier, setzte sich auf den Schreibtisch und hatte Tränen in den Augen. Es war wie auf einer Brigadefeier.

Als er ging, bat er Thomas und mich, noch mal in sein Zimmer zu kommen, bevor wir nach Hause gingen.

Er saß hinter seinem wuchtigen Schreibtisch in der einsamsten Ecke dieser Chefzimmer und sagte uns, daß er gerade entlassen worden war. Zum zweiten Mal an diesem Abend blieb die Zeit stehen.

Sechs Jahre war Hans Eggert mein Chefredakteur gewesen. Vom Revolutionsherbst bis zu diesem Herbstabend. Er war noch von der SED eingesetzt worden, aber er hatte sich einer Vertrauensabstimmung der Redaktion gestellt. Später war das schmeichelhafte Gerücht entstanden, er sei von uns gewählt worden. Eggert hatte es nicht zerstreut. Anfangs hatte er bestimmt nicht geglaubt, lange zu überleben. Wir hatten in chaotischen Tagen eine chaotische Zeitung gemacht, die niemandem gehörte. Niemandem mehr und noch niemandem.

Als sie verkauft wurde, begann sich Eggert zu arrangieren. Er fühlte, daß er es doch überleben könnte. Er redete nicht mehr mit jedem, er wußte, daß er Leute opfern mußte. Er achtete auf die Starken und vernachlässigte die Schwachen. Er versuchte seine Zweifel und Ängste in Arbeit zu ertränken. Das ging drei, vier Jahre gut. Er hatte zugesehen, wie alle leitenden Kollegen um ihn herum ausgetauscht wurden, bis nur noch er da war. Er war übriggeblieben. Er war an der Reihe. Er hat nie begriffen, daß es nur eine Frage der Zeit war. Er hat nie begriffen, daß er nur benutzt wurde.

Er war kein Opfer, auch wenn er sich jetzt so fühlte. Aber er tat mir leid.

Er war ein Choleriker, ein Arbeitstier und ein Lokalpatriot. Er betrachtete die Zeitung nicht nur als seinen Lebensinhalt, sondern auch als sein Eigentum. Wir waren sehr verschieden. Ich hatte mir oft einen anderen Chefredakteur gewünscht, einen charmanten, belesenen Mann, der eine Weltstadtzeitung machen wollte und kein Provinzblatt. Ich hatte ihn nicht sonderlich gemocht. Jedenfalls nie so sehr wie in diesem Moment. Ich stand mit hängenden Armen in seinem Zimmer rum, stammelte irgendwas und dachte, daß sechs Jahre eine lange Zeit sind.

Thomas holte wortlos aus der großen, alten Schrankwand eine Flasche Wodka und drei Gläser. Mein Chefredakteur weinte.

Wir saßen eine Weile so, bis ich begriff, daß irgend etwas

zu Ende gegangen war. Eine Zeit und vielleicht sogar eine Kultur. Ich dachte daran, wie Eggert manchmal spätabends bei mir zu Hause anrief: »Hier ist der Hans«, sagte er zu meiner Freundin. »Gib mir mal den Alex«. Solche Anrufe würde es nicht mehr geben. Wir hatten Geschichte erlebt, die man nur schwer erklären konnte. Wir hatten gemeinsam eine Gesellschaftsordnung gewechselt. Wir hatten gesehen, wie wir funktionierten. Wir hatten uns dabei beobachtet, wie wir uns veränderten. Unsere Hemden, unsere Autos, unsere Meinungen. Eggert hatte, so glaube ich wenigstens, zum Schluß begriffen, daß das viel war. Daß Geschichte einem nicht nur als Klotz am Bein hing. Bestimmt hatte er vorhin, als er hörte, daß Rolf Liebold gestorben war, an sich gedacht. Aber geweint hatte er um Rolf.

Ich wollte nicht, daß er bleibt. Ich wollte nicht, daß er geht. Ich wünschte ihm alles Gute.

Irgendwann ging die Tür auf, und Eggerts Stellvertreter kamen herein. Sie hatten zerknitterte Gesichter, aber nach dem ersten Schnaps spekulierten sie bereits über einen möglichen Nachfolger. Das muß man sich mal vorstellen: Sie redeten in Gegenwart eines Mannes, dessen Lebensaufgabe eben explodiert war, über den möglichen Nachfolger. Deutlich unter vierzig soll er sein, sagte der geschäftsführende Redakteur gespannt. »Und kein Deutscher.« Mein Chefredakteur hockte hinter seinem wuchtigen Schreibtisch und nickte, wir tranken noch ein paar Wodka und gingen. Sechs Jahre sind eine lange Zeit.

Ich mußte daran denken, daß mir vor ein paar Wochen Rita Süßmuth die Hand schüttelte, weil ich einen Journalistenpreis gewonnen hatte. Ein paar Tage später fragte mich der Pressesprecher der PDS, ob ich für ihre Wahlzeitung einen Artikel schreiben könnte. Beides hatte mir geschmeichelt. Es war viel passiert in den sechs Jahren, die Hans Eggert mein Chefredakteur gewesen war.

Etwas war vorbei. Etwas würde beginnen.

Gegen Mitternacht stand ich mit Thomas in der Cocktailbar des »Radisson Plaza«, das früher »Palasthotel« geheißen hatte. Thomas redete auf den Barkeeper ein. Ich trug meinen Mantel und hatte eine halbleere Bierbüchse in der Hand, die wir irgendwo unterwegs gekauft hatten. Überall waren Männer in Anzügen. Hotelgäste, die nicht schlafen konnten. Sie standen in Grüppchen, lachten, tranken und ärgerten mich. Immer mehr. Eine dunkle fröhliche Soße. Ich rannte mit voller Wucht in das lachende Grüppchen, das mir am nächsten stand. Ich rempelte mich durch sie durch. Sie hielten kurz inne, sahen mich überrascht an und redeten dann weiter. Es hatte keinen Zweck. Ich drückte einem Anzugträger, der ganz allein dastand, meine halbleere Bierbüchse in die Hand und ging.

Es war die kalte Nacht geworden, die der klare Morgen versprochen hatte. Was für ein Tag.

Der Palast der Republik sah aus wie ein verstaubter Sarg. Mir fiel ein, wie wir früher stundenlang anstanden, um in einem der Restaurants essen zu können. Wonach, zum Teufel, sehnte ich mich eigentlich?

Ich lief los.

Am nächsten Tag schrieb ich mein Porträt über den Marzahner PDS-Bürgermeister. Als es erschien, meldeten sich zwei Leser. Ein Mann fragte, ob ich jetzt der neue PDS-Pressesprecher wäre. Eine Frau schrieb, daß ich nun endgültig zum Durchschnittswestler mutiert sei.

Quellen- und Fotonachweis

Quellen:

Eigentlich nein: entstanden für dieses Buch im Dezember 1995

Ich war doch gut, oder?: Erstveröffentlichung in der *Berliner Zeitung* (EV) vom 30.9./1.10.1995

Der gespaltene Arsch: EV 26.9.1992

Zusammen 305 Kilo: EV Weinachten 1994

Du mußt kein Schwein sein: EV 13./14.5.1995

Mühsame Schritte zum Regenbogen: EV 15./16.10.1994

Ein kleines deutsches Abenteuer: EV 28./29.1.1995

Der Ball ruht: EV 16./17.7.1994

Sepp Herberger in Parchim: EV 18./19.11.1995

Der Pate von Dresden: EV 8.4.1995

Den Damen muß man guten Tag sagen: EV 10.9.1994

Bringt das was? EV 18.4.1994

Daniel in der Löwengrube: EV 28.8.1993

Der Herbstrevolutionär im Beamtenkleid: EV 19./20.3.1994

Stimme ohne Radio: EV 3.6.1995

Der Wächter der Flugschule: EV 28.4.1995

Venus wollte am Schluß nicht einmal bezahlen: EV 14.5.1994

Sie lebt noch: EV 3.12.1994

Pamela vor Rauhfaserv: EV 2.3.1995

Klavier konnte ich auch: EV 4./5.6.1994

Der Kohlhaas von Köpenick: EV 20./21.8.1994

Eigentlich ja: entstanden für dieses Buch im Januar 1996

Fotos:

Wulf Olm (Seite 33, 49, 77, 83, 117, 129, 137, 143, 153, 169, Umschlag innen), Uwe Werner: (39), Ulrike Schamoni (55), Gezett (61), Engelsmann (69), Oliver Behrendt (91), Sascha Fromm (97), Andreas Schoelzel (103), Peer Grimm (109), Katja Rehfeld (123), Privat (151, 159), Ilona Studrè (161), Ronald Siemoneit (Umschlag)

Alexander Osang
im Ch. Links Verlag

Aufsteiger - Absteiger
Karrieren in Deutschland

2. Auflage 1993, 168 Seiten, 18 Fotos, Klappenbroschur,
24,80 DM/194,00 öS/25,80 DM
ISBN 3-86153-040-6

Erbarmungslos und echt witzig, das ist die Mischung des
Reporters Osang, der die Gabe hat, sich kurz zu fassen. In
Osangs Reportagen wird so wenig geredet wie in guten
Filmen. Dafür charakterisieren die Zitate ihre Urheber
schlagartig.   *Deutschlandfunk*

Die stumpfe Ecke
Alltag in Deutschland

Erstauflage 1994, 192 Seiten, 26 Fotos, Klappenbroschur,
24,80 DM/194,00 öS/25,80 DM
ISBN 3-86153-067-8

Menschen, wie sie zu Tausenden in unserer Gesellschaft
leben, gibt Osang eine Stimme und ein Gesicht. Deutscher
Alltag - von unten gesehen.   *Münchner Merkur*

Osangs Porträts sind schlüssige Kompositionen, genau ge-
staltet, gut und packend zu lesen.
                               Saarländischer Rundfunk

Traumwandlerisch sicher balanciert Osang zwischen Ironie
und Tragik. Er legt frei, was viele nicht mehr erkennen
können – den Menschen hinter dem fremden Gesicht.
                                          POTZ, Potsdam